古墳時代の幕開けを飾る、奈良・山辺の古墳

第12代景行天皇陵に治定されている渋谷向山古墳(奈良県)

上／奈良・山辺の道の象徴でもある箸墓古墳と三輪山。下右／夕陽を受ける、最後の前方後円墳・丸山古墳。下左／平成の発掘調査で黒塚古墳から出土した三角縁神獣鏡（すべて奈良県）

伝播する前方後円墳
吉備の古墳

上／岡山県最大、全国でも４位の大きさを誇る造山古墳。左／楯築遺跡にて白洲塾長と塾生・秦。下／弥生時代の吉備の隆盛を示す楯築遺跡の御神体（すべて岡山県）

伝播する前方後円墳
毛野の古墳

上／徳川光圀により発掘調査、保全がなされた下侍塚古墳（栃木県）。下／宝塔山古墳。高度な石組み技術によって造られた石室。石棺には格狭間と呼ばれる装飾も見られる（群馬県）

築造当時の威容を取り戻す、復元古墳

上・左／築造当時の姿に復元された五色塚古墳（兵庫県）。4世紀、明石海峡からこの古墳を望んだ人々はどんな思いを抱いただろうか。右／今城塚古墳の復元埴輪群（大阪府）

関東を代表する復元古墳・八幡塚古墳(群馬県・保渡田古墳群)
撮影／白洲信哉　協力／ペンタックスK-1

美しい古墳

白洲塾長の世界一毒舌な授業

塾長
白洲信哉
塾生
秦まゆな

ワニブックス
PLUS新書

はじめに　古墳の魅力　白洲信哉

いつの頃からか、僕は考古学に関心をもった。社会科の中で、特に歴史の時間が好きだったのは、小学校五年生の冬休みに行った奈良への旅を端緒に、白洲（祖母正子）と京都や奈良、近江などを見聞したことが影響しているのだと思う。白洲は数多くの随筆を残したが、執筆のために、というより旅における点がやがて線となり、結果的にみえてきたことを書き残した。僕が今、年間の四分の一程度を、旅に費やしているのは、若い時分に各地の「かくれ里」に同行したことが、そのままライフワークに発展したように思う。

白洲の家（現・武相荘）に遊びに行くと、決まって、「今、何が面白いの」と聞いてくるのが、晩年まで白洲の常だった。ある日、学校の授業で聖徳太子について習っていて、「興味があるんだ」というような話をすると、「興味があるのなら、実際にそこに行って、実物を見なきゃダメよ」と独り言のように呟き、そんな些細なことから、新幹線のキップが届き、半ば強制的に婆さんと孫との旅が始まったのだった。

今振り返ると変わった旅だった。話のきっかけが太子なのだから、普通であれば誕生の地である橘寺とか、定番の法隆寺などに、まずはなるように思う。ところが、「天気が良くなってから」とか言って京都で遊行し、ある早朝に近鉄で奈良へ、車に乗り換えて向かったのは、三輪山の麓にある大神《おおみわ》神社だった。

三輪山は、山そのものが御神体で、日本人の中に育まれた自然信仰の古い姿、太古からの信仰のかたちを目に出来る聖地である。神社は、背後に控える山がカミサマなので、拝殿はあるが本殿はなく、我が国で最も古い神社の一つとされている。無論、当時の僕が知る由もなく、そんな知識はずっと後のことだが、暮れの奈良は、観光客もまばらで、空気が澄み、気持ちが良かった記憶が鮮明に残っている。

だが、朧げながら、天理の石上神宮を過ぎた辺りから、白洲がずっと進行方向左に釘付けになって、崇神に景行、そして箸墓と、その背後に現れる三輪山を凝視し、どこかは忘れたが、鳥居から堀の奥にある森に、白洲に従って手を合わせていた。それが前方後円墳に代表される古墳との初対面だった。

山辺の道を上空から見る。左手前から、手白香皇女衾田陵、崇神天皇陵、景行天皇陵、倭迹迹日百襲姫命墓（箸墓古墳）

僕たちは、大神神社から西に沈もうとする太陽と競争するように二上《ふたかみ》山を目指し、法隆寺に当麻《たいま》寺など立ち寄り、最後に聖徳太子の墓である叡福《えいふく》寺にたどり着いた。そこは竹内峠を越えた小さな集落にあって、あれだけの業績を残した権力者にしては意外なほど小さなお墓だったことだけ記憶にある。調べると、直径五十メートルほどの円墳だから間違ってはいなかった。

「あれがさっき行った三輪山。あそこから太陽が昇って、反対側の駱駝のコブみたいな形の二上山の真ん中に夕陽が落ちるのよ」と道中に白洲が呟いた。白洲の友人であるA先生によると、「実に白洲さんらしい。子どもを子ども扱いせずに、いきなり最も大切な、ど真ん中に連れて行くんですね」となるのだが、この初体験から、知識や蘊蓄以上に、何より自分で感じることの大切さを学んだように思う。

小林の祖父は、「解ることは苦労すること」と回想していたように、旅の積み重ねから生まれた疑問を調べ、新たな場所に行って掘り下げて行く。僕が現場感ということを大事にしているのは、風景が歴史を語っていることを体験から信じているからである。

そんなこともあって、僕は進路を決めるにあたり、専攻科目として考古学が履修出来る大学を受けようと早くから決めていた。歴史の中でも考古学を選んだのは、遺跡を発掘することにより得られたモノを、物的な証拠として扱い、歴史を復元し、塗り替えることが出来るワクワク感からだ。これに対して、文献などの記録をもとに、過去の事実にせまる方法もあるのだが、記紀然り、文字の記録というのは誤りや、嘘が書かれている。僕が断言するのは、白洲の祖父が、「僕は歴史を信じない」というのが口癖で、歴史というのは、時の権力者の差配により歪められたことを体現していたからこそ生まれた言葉だと感じてきたからだ。

かたや考古学は、発掘によって得られた物理的な事実に基づくから、解釈の誤りや、ねつ造がない限り、過去のことを復元出来る唯一の手段なのである。考古学の対象は広く、石器から縄文土器の破片、古墳にいたるまで、何千、何万年前の人々が実際に使っていたモノに想像を膨らませ、遥かなる時間へ思いを馳せる。

例えば古墳から発掘される埴輪の、あの甘美なまでのあどけなさと、縄文時代の土偶のような、超自然的な姿は対照的であり、我々祖先が仲間の姿を無邪気に造ったモチーフは、弥生時代を経て、大きな転換があったことの証明である。モノは、過去と現在をつないでくれるだけではなく、実物を手で触れたり出来ると思うと、子どもながらに興奮し、親近感を持ったものだった。

出来が悪く一浪しても、第一志望のK学院大やM大には合格はしなかったが、地元鎌倉の発掘グループに入り、週末のほとんどは、発掘現場で汗を流す学生生活だった。だが、理想と現実は違っていて、テレビなどで見る例えば神経質に刷毛を使っての緻密な作業はほとんどなく、俗にいう土方作業の日々だった。

大学時代、武相荘に居候していたこともあり、先に記したような、白洲の質問に、「住居跡などは土師器の破片とかそんなモノだけで、あとは竈の位置を図面にとったり、綺麗に掃除して写真の記録をしたり、出ないことの証明作業も発掘の一つなんだ」という雑談を交わした。すると白洲は、「そんな出ないところばかりじゃ面白くないしいけないね。本場を知らないとダメよ」と言って、「土方の親分紹介するわ」とまたもやこちらの返事を聞くまでもなく、春休みになり、再び新幹線に乗せられた。

かの石舞台古墳の発掘や、橿原考古学研究所の創設者で、考古学会の重鎮であられた末永雅雄先生のご自宅は大阪の狭山にあった。喜寿を過ぎておられたが、矍鑠《かくしゃく》とされていて、旧知である白洲と昔話に花を咲かせていた。白洲の代表作『かくれ里』の案内役にもなった南朝最後の皇子、自天王《じてんのう》の秘話や、山村の円照寺に、河内長野山奥の光滝寺《こうたきじ》など、先生は、「雑学をしなくては人間は育ちませんよ」というのが口癖であったという。

そのとき「創業は易し、守成は難し」という揮毫《きごう》を頂戴し、「今の学問はあまりに細分化されて、学者はよく勉強はしているが、専門的に成り過ぎていて、縄文時代だけと言ってみても、細かく細分化されており、となりに弥生土器が出て来ても見向きもしない。

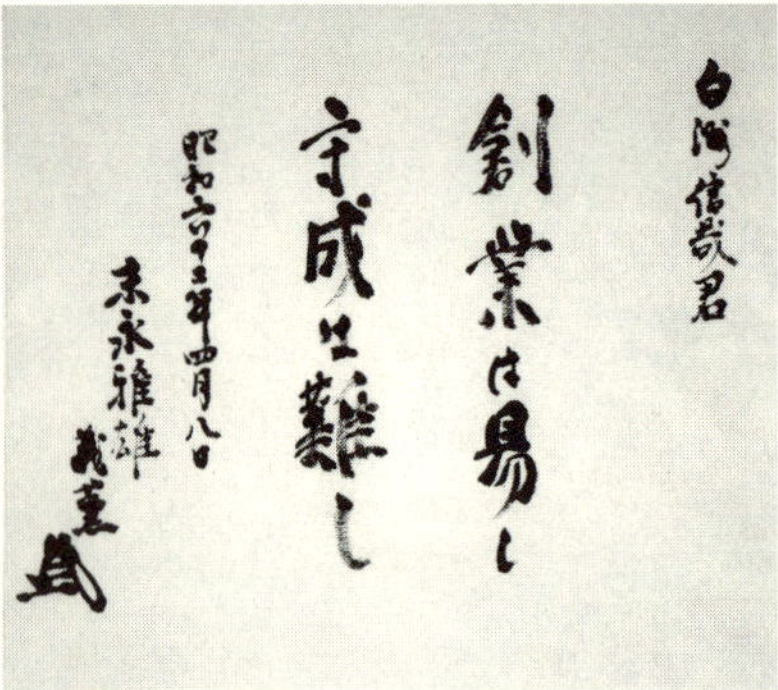

自分の専門外だからわからないのが当然、という顔つきをしよる。そんなものは文化でも教養でもない」と力説しておられた。

　僕はそのときに頂戴したお言葉が印象に残り、額装して書斎にかけ、今も眺めながら書いているが、それからすぐの夏休み（昭和六十二年）先生のご縁で、先の考古学研究所古墳発掘の現場（奈良県南西部の葛城山麓）におよそひと月、図々しくも参加したのだった。別れ際にそこの現場責任者の先生から、「君か、末永先生の紹介っていうのは？　僕だってお名前しか知らない方だぞ……。で、どんな先生なの」と言われたのである。

　こうして僕は発掘に明け暮れる学生時代だった。何より汗まみれ泥だらけになって土に触れた日々が懐かしい。社会に出てからも、三内丸山《さんないまるやま》や出雲荒神谷《いずもこうじんだに》に纏向《まきむく》など、多くの発掘現場のニュースに胸を躍らせる。だが、昨今の文化財行政は、「遺跡は出来るだけ発掘せずに将来に残す」という考え方が強まっているという。とりわけ厄介な宮内庁管理の陵墓は、八百九十六を数えるものの、「皇室の先祖の安寧と静謐、静安と尊厳を守る」という国家方針のため、学術的な調査を行われた陵墓はない。

先に記したように発掘の目的というのは、我々の祖先、過去について正しく、詳しく知ることなのである。天皇陵最大の問題は、その被葬者の治定に明らかな誤りが、それも古代天皇四十二人、四十基のうち、ほぼ確実だと言える被葬者は、用明、推古、舒明、天智、天武・持統のわずか六人。本書にも記したが、継体天皇のようにまぎれもなく実在した天皇においても然り、多くの天皇陵は、別人が眠っているのである。

さらに陵墓参考地とされる禁断の聖域も存在し、現人神であった戦前の、ある一定の努力の上に治定の変更が行われていた時代よりむしろ、象徴天皇の民主主義の現代は、一切凍結され、改める努力すらしないという共産国家体制だと言っても言い過ぎではあるまい。

「巨大古墳を発掘するには、多大な時間と労力、そして費用がかかるではないか」という議論も承知しているが、たった五十年で壊してしまう競技場に、再び一千億円を超える巨費が投じられようとしているではないか。

大仙陵古墳に代表される巨大な前方後円墳は、五世紀そのままの形を今に伝え、圧倒的な偉容を誇っている。これこそ現在進行形の伝統的姿であり、生きた文化財で、古墳は単なる墓ではなく、寺社仏閣のように、時代を象徴した建造物である。前方後円墳は、我々祖先の最も大切な方々のために、永遠の生命を託する住居の建造にあたり、永久的な規模と、後世まで畏服する壮観さを誇っているのだ。記紀のような神話、物語ではなく、ずらりと並んで、いま我々の目の前に見えているのだ。

僕がとくに前方後円墳に惹かれるのは、スケール感以上の、美しさである。日本文化は、美しい山や滝、川に大樹などを基盤とした、「自然美」の精神が支配してきた。前方後円墳は、そうした自然美の権化で、その後のあらゆる文化工芸すべてに、自然愛の感覚が貫かれている。

無論、古墳は人間の造った人工美である。だが、時を経て人工美はいつのまにか自然美によって消化され、葺石のすき間から草が、そして樹木が茂り渾然一体と、風光明媚な土地の風景に溶け込んでいった。仏教が渡来し、在来の神々と混淆し、数百年かけて神仏が習合してきたのと似て、地震などの天災により、人工の丘陵が自然に崩れ、やがて平安仏のような柔らかな木彫の輪郭線を、さらに長い年月をかけて構築しているのである。まさに、自然と密着し融合し、驚くなかれ、二千年近く現在進行形なのである。

前方後円墳は、形のまま前方後円の平面に、双丘の側面をみせるという独特なる形は、三世紀中頃から七世紀初頭三百五十年程の間に、東北北部から北海道と沖縄を除く日本列島に約五二〇〇基も築造された。時代時代の差異。例えば石棺や埴輪のかたち、副葬品など脇に置けば、美しい墳丘という一定の画一性を持っている。その「かたち」そのものに、「共通の観念」が日本列島にあったとしか僕には思えない。

本書で、さきの末永先生の大著『古墳の航空寫眞集』の写真を多用したのは、環境の変化を伝えるというより、発掘で得られる資料が限られた中で、風景学と言うのか、もっと大きな視点から俯瞰するべきだと、僕は先生の遺言として解釈したからだ。

古墳は総じて風光明媚なる土地を選定し造られたのであるから、単独ではなく一定の面として捉えることが肝要で、前方後円墳とは、墳墓というより、長い年月に形作っていった人工美、神社の原型であり、日本人の根底にある生きた精神そのものなのである。

目　次

2時限目 巨大化する前方後円墳 ——大阪・河内をたどる

3時限目　広がりを見せる前方後円墳
―岡山、北関東を巡る …… 119

4時限目　古墳の在り方を考える
―復元古墳を訪ねる …… 165

本書における古墳の航空写真はクレジットのあるものを除き、すべて『古墳の航空寫眞集』（末永雅雄編）から引用したものです。改めて、末永先生の偉業に敬意を表します。

1時限目

前方後円墳誕生の謎

――奈良・山辺の道を行く

山辺の道古墳マップ

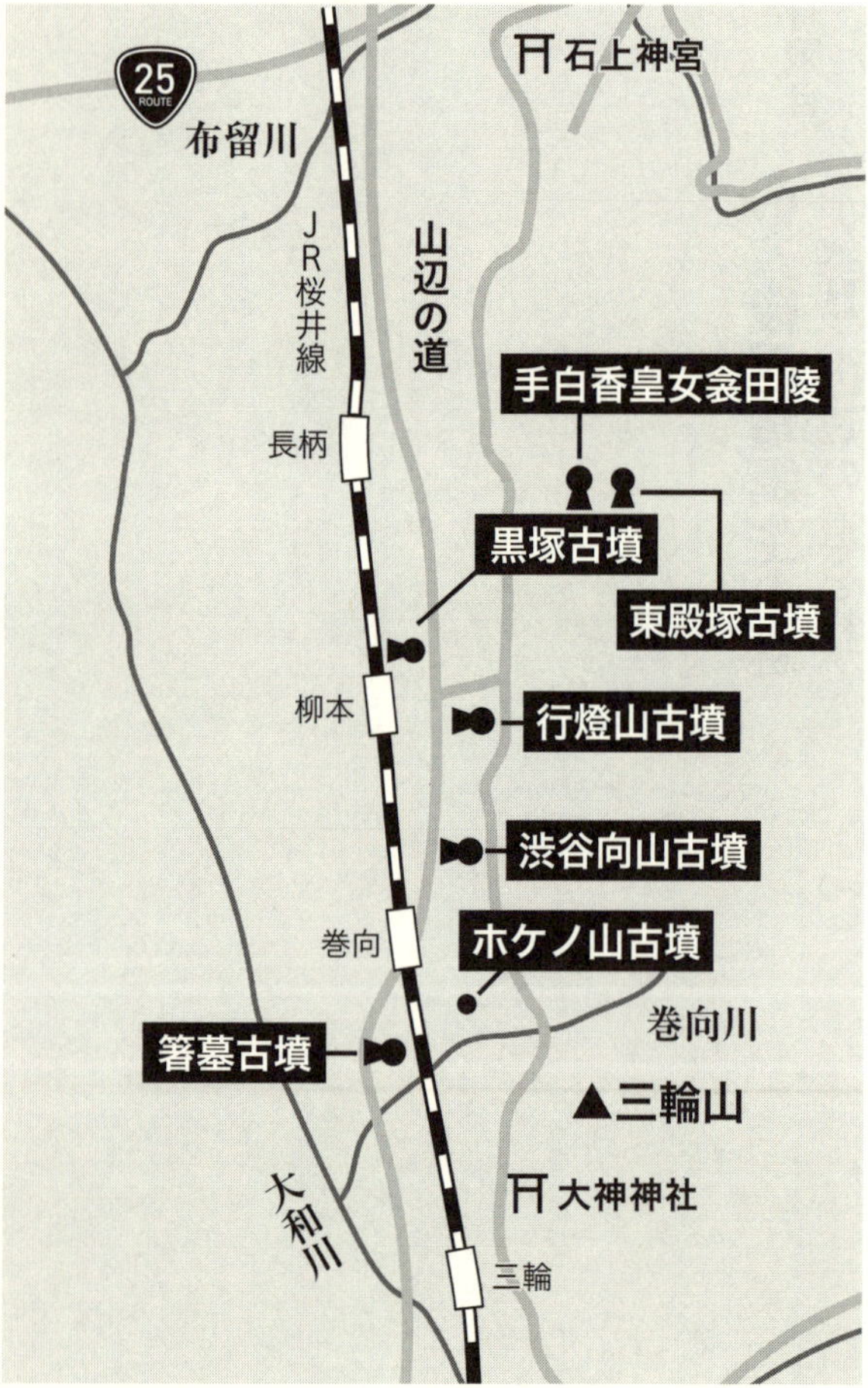

石上神宮
25
ROUTE
布留川
JR桜井線
山辺の道
手白香皇女衾田陵
長柄
黒塚古墳
東殿塚古墳
柳本
行燈山古墳
渋谷向山古墳
巻向
ホケノ山古墳
巻向川
箸墓古墳
三輪山
大神神社
大和川
三輪

本書は白洲信哉を塾長に日本各地の古墳を訪ね、塾生の質問に答える講義形式で日本人が気づいていない古墳の真の価値を説いていくものです。

美しき神奈備山《かんなびさん》・三輪山

塾生（秦まゆな）　いよいよ始まりますね、白洲塾長の古墳授業。古墳への熱い思いが、どんな毒舌に昇華されるのか、楽しみです。

塾長（白洲信哉）　毒舌というのは心外だけどね。あくまでも、真っ当な意見を述べていくつもりだから。

―はい、了解です。まず1時限目は塾長が古墳に魅入られた原点といえる奈良県の山辺《やまのべ》の道（注1）からですね。

そうだね。小学生のときに、祖母の正子に連れられて初めて来て以来、数え切れないくらい通っている道だけど、石上神宮《いそのかみ》(注2)を過ぎて、三輪山が見えてくるといつも特別な思いが湧いてくる。「ああ、美しいなあ」って。三輪山と古墳とが作り出す日本の原風景、独特の美だよね。

—そうですね。でも実は、三輪山というと、私は古墳よりも大神神社《おおみわ》(注3)なんです。

三輪山を御神体として祀っている神社だからね。普通、神社は鏡など御神体を本殿に祀って、その前で僕たちは手を合わせるわけだけど、大神神社には本殿がない。そのまま御神体である三輪山を拝むという、原始信仰の趣を残しているよね。

ここは我が国最古の神社に数えられる大神神社と「最古の前方後円墳」である箸墓《はしはか》古墳がある地であり、古墳時代の始まりの地でもある。山辺の道が結ぶこの一帯で次々と前方後円墳が造られて、それが最終的に北は岩手、南は鹿児島まで広がっていったわけだから。

古代の河内・大和

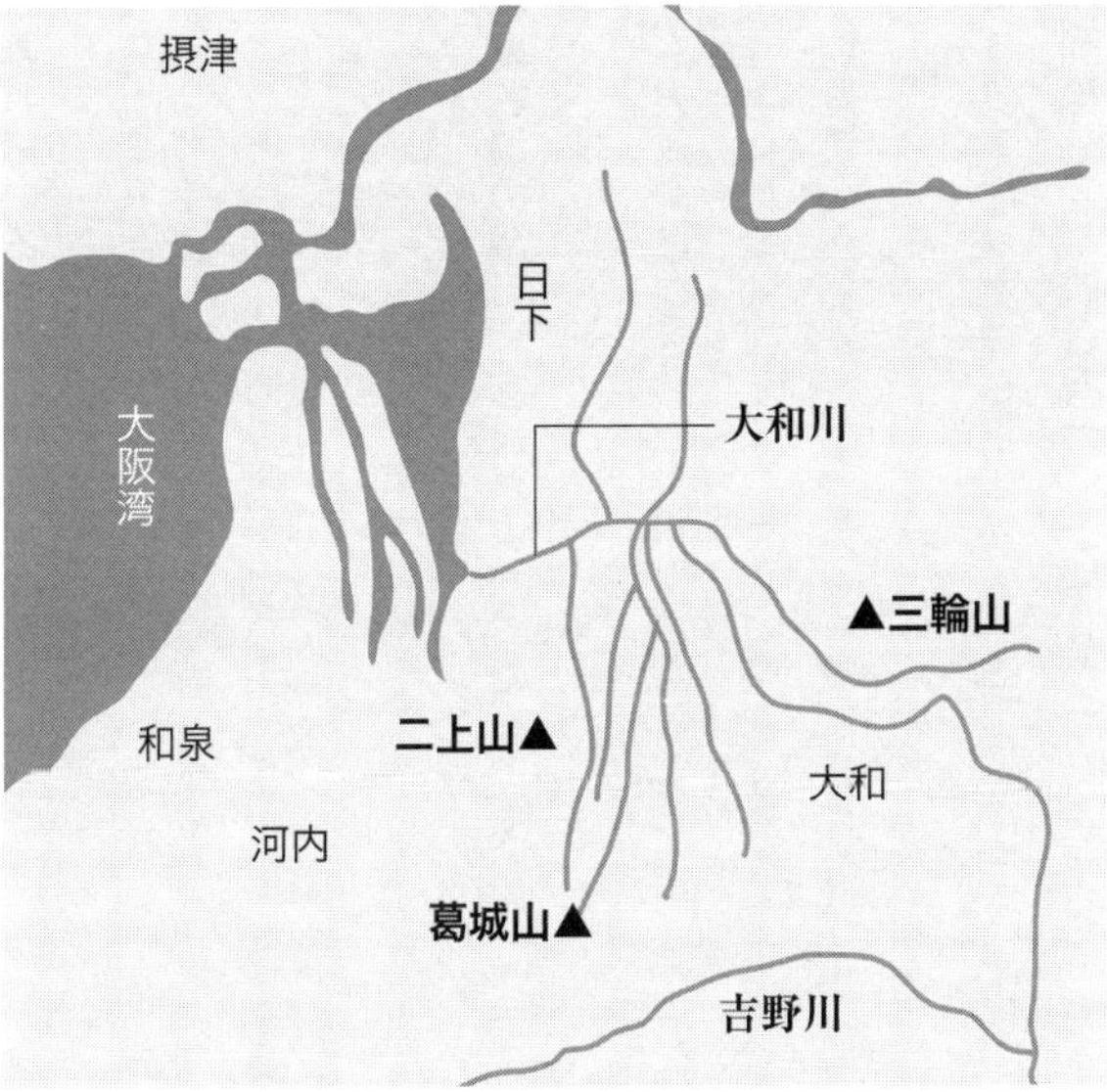

―箸墓古墳を「卑弥呼の墓」とする説もあり、大仙陵《だいせんりょう》古墳（第16代仁徳天皇陵古墳）に匹敵するくらい有名な前方後円墳だと思うんですけど。それが「最古の前方後円墳」でもあることは知りませんでした。

　最古の神社と最古の前方後円墳の競演の地となるくらい、ここが日本で一番早く繁栄した場所ということですよね？　それも三輪山への信仰が大きく影響しているんでしょうか？

信仰よりも先に、ここが人が住みやすい場所、集まりやすい場所であったということですよ。古代は、交通の便がいいかどうかが一番重要。この場合の「交通」はもちろん水運ね。

―箸墓古墳の辺り、水運がよかったんですか？

今も大阪湾に注ぎ込む大和川があるでしょう。古代、奈良盆地には大和川の支流が何本も走っていたんですよ。そのうちの1本が箸墓古墳の横を通り、三輪山のふもとを流れていたことがわかっている。大阪湾自体も今よりもうんと内陸に入り込んでいたしね。

―そういえば、東大阪市にある枚岡《ひらおか》神社（注4）には、神武東征《じんむとうせい》（注5）のとき「神武天皇は枚岡神社近くの白肩津で上陸した」と説明している看板があるんです。枚岡神社って生駒山を背に、結構な高台にあるんですよ。さらに東大阪市自体も大阪湾からはだいぶ内陸という印象だったので、全然ピンとこなかったんです。でも『日本書紀』には「河《かわ》内国《ちのくに》草香邑《くさかのむら》青雲《あおくも》白肩《しらかた》之《の》津《つ》」とあって、今の東大阪市日下町辺りと考えられていますよね。

縄文時代は生駒山の麓あたりまで海が入り込んでいたらしいし、神武天皇の大船団が入ってこられるような水路がかなり内陸まで通じていたということだよね。

水路は大事ですよ。この国は豊葦原瑞穂国《とよあしはらのみずほのくに》ですから、日本全国、湿地帯。道路も造れないし、日本で馬車があんまり発達しなかったのはそのせい。明治になって、鉄道ができて、ようやく移動が少し楽になったんですから。

そうやって、あまりにも自然が厳しく、資源も乏しかったおかげで、日本は侵略されなかったという一面もあるけどね。

—日本、自然が厳しいですか？

厳しいでしょう。「日本の川は滝だ」って言った西洋人がいるんですよ。海からすぐに切り立った山々がそびえていて、そこを流れる川は雨が降れば、激流になる。平地といえば湿地帯。

あと、地震もあるし、山も火を噴く。ペリーが来航したとき、安政の大地震を体験しているんだよね。びっくりしたと思いますよ。アメリカ、ヨーロッパみたいな真っ平らなところに住んでいる人たちから見たら、大変なところですよ、日本は。

これから古墳を考えるにあたって、古代の地形を頭に入れておくことは重要。現代的な観点で見てしまうと、見落としてしまうことがたくさんあります。

日本人の山への思い

―そうした水路もある便利な場所であったから、この周辺に人が暮らし始めたんですね。

纏向遺跡からは縄文時代後期の土偶が出土している。そういう人たちにとって、三輪山は大切な山だったろうね。当初は「おらが村のシンボル」だったかもしれないけど、稲作に必要な太陽運行の目印になって、徐々に信仰的にも特別な山になっていった。

―手を合わせたくなる神々しさというか、美しさ。縄文人は、今の私たちと同じような感性をもっていたんでしょうか？

大きくは違わないんじゃないかな。でも、こうしたなんでもない山に対して「美しい」という思いを抱けるのって、日本人独特のものみたいだよ。僕がヨーロッパで三角錐の山の美しさに感動していると、現地の人に「お前、どうしたんだ？」って言われるから。彼らには身近な山には「美しい」という概念がないのかもしれない。

いわゆる日本の神奈備《かんなび》（注6）っていう思想に対して、ヨーロッパ人の山の概念は「魔物が住むところ」。山は怖いものなんですよ。

―外国人はそれでも、富士山の美しさはわかるんですね。「ビューティフォー」とか言

うでしょう。

あれは富士山だからだよ。外国人に三輪山を見せても、おそらく「ビューティフォー」とはならないでしょう。富士山はわかりやすいよ。歌舞伎とか浮世絵とか、わかりやすいものは外国人に受ける。最近は日本人も外国人以上にわかりやすいものしかわからなくなっているけど。

明治に修験道禁止令が出るまでは、富士山は許可がない者は無闇に入れない、特別なる修行の山だったんですよ。

山に対する感覚が日本人と外国人とは違うことの一番わかりやすい例として、幕府に願い出て富士山に初めて登った英国の公使は、火口に向けて拳銃を撃ったんです。つまり、「自然は人間が征服するものだ」という思想がその行為から見て取れる。

一方の日本人は、修験道のように山に籠ってその霊力みたいなものを感じて、山そのものに身体を預けるような感覚。現代ではそこまでいかなくても、日本人は「自然の中で生かされている」という思いが強かったんじゃないかな。特に富士山は「神の山」。

富士宮市（静岡県）にある縄文時代の住居跡は富士山のほうを向いているでしょう。

―富士山への祈りを捧げたと見られる縄文時代の祭祀場跡も残っていますしね。富士山はあの高さと美しさをもって特別な山だったと思いますが、そうではない身近な山々も日本人にとっては信仰の対象ですよね。

そうだね。人が死ぬと山に帰っていって、先祖神として自分たちを見守ってくれるという信仰とか。冬の間は山に帰ってしまう山の神が春になると、山里に降りてきてくれて田の神になる、とか。山が日本人の信仰の基本、という気はするよね。

思うに、縄文時代から、人は山の頂上で祈りを捧げていたんですよ。それが今の感覚でいう「信仰」だったのかはわからないけど。でも、三輪山の頂上の磐座《いわくら》を見ると、やっぱり聖地だったろうと思うし。春日大社（注7）の奥宮がある御蓋山浮雲峰《みかさやまうきくもみね》もそう。山頂って聖なるものと一番近い場所だったんだと思う。極端なこと言うと、遮光器土偶《しゃこうきどぐう》（注8）なんて、どう見たって宇宙人でしょ？

―え？　そういうことも言っちゃいますか？

だって、山の頂上で夜に火をたいて、祈りのようなものを捧げて、何を呼んでいたかというとそういうものでしょう？

遮光器土偶は日本全国、あちこちから出土しているんだよね。一人の人間の想像の産物じゃないよ。確実にああいうものを見て、それを形にしたとしか思えない。縄文時代なんて、今よりも感覚が鋭敏だったろうから、脳内映像のようなものを受信したのかもしれないし。そういう交信がしやすい場所として、山頂が選ばれたのかもしれない。

―天降《あも》ってきたのが、神様じゃなくて、宇宙人だったとは―。でも自分たちとは明らかに異なる、それゆえに尊い、聖なる者とつながれる場所として山頂が聖地になり、それがその山全体に対する信仰になっていくのはわかりますね。

神社の奥宮はだいたい山頂でしょう。人が住んでいる近くに神社ができ始めたのは後の時代。人間側の都合ですよ。わざわざ登っていくのは大変だから、神様に近くに降りてきていただこう、という。

墳墓から前方後円墳へ

そうやって一緒に祭祀を行うような共同体が縄文時代からすでにあり、そこには必ず長《おさ》がいたはずですよ。その人が亡くなったときには、共同体のみんなで墳墓を造ったんだと思う。「共同体の象徴」のようなものだよね。弔うだけでなく、みんなが集まって祭祀をしたりもするような場所だったんですよ。だから共同体が大きくなるにつれて、墳墓もどんどん大きくなっていった。

―弥生時代の終わり頃、最も大きな共同体があったのが箸墓古墳のある、ここ纒向遺跡ということですか？

築造当時の姿に復元された八幡塚古墳（群馬県）。葺石に円筒埴輪が美しい

近くの唐古《からこ》・鍵《かぎ》遺跡とか、ここ一帯をいうことになるよね。その共同体が今上天皇につながるヤマト王朝のはじまり。纏向遺跡は出土品が祭祀に使うようなものが多くて、人が住んでいた跡がないことから、生活集落ではなく、祭祀場だったという説が根強い。そうだとしたら、東西２km、南北１・５kmの広大な祭祀場ですよ。

箸墓古墳も、その共同体としての規模と力の大きさを証明しているよね。墳丘の長さ２７２m、高さ30mという大きさと、前方後円墳という究極の形を完成させた技術力とマンパワーはすごいよ。

―そうですよね。墳丘を何段も築いて、それを葺石《ふきいし》でレンガを積み上げるみたいに覆って、さらに周濠《しゅうごう》も造るわけですから。

古墳というと「緑のこんもりした丘」をイメージする人が多いかもしれないけど、違うからね。今以上に建物のない平地に、高さ30ｍ、全体をピカピカ光る葺石で覆われ、その上には円筒埴輪がぐるっと取り囲んでいる。そういう建造物が出現した風景を想像してみてよ。どれだけ力をもった王がいるのかと思うよね。

―初めて目にした人は腰を抜かしたかもしれないですね。でも実際、どれくらいの労力と時間がかかったんでしょう。

日本最大にして、箸墓古墳の約1・5倍ほどの規模の大仙陵古墳（第16代仁徳天皇陵古墳）は、延べ680万7000人が15年と8カ月かけて築いたとされているよね。どうやって割り出したかはわからないけど。強制労働のようなものではなかった気がするんだよ。被葬者のために、共同体のみんながすすんで造ったようなイメージ。大きな意味でいえば日本の先祖崇拝の象徴。みんなで集まって祭祀をしたり、宴会をしたりする場所だから。

――祭りと一緒ですね。

そう、神人共食。神事と「直会《なおらい》」という名の宴会は一体。人が神の下に集い交流するものです。お葬式もそうだよね。供養という意味合いもあると思うけど、それが一族のつながりを強める。自分のいる場所、家族や仲間を大事にする気持ちを育むんですよ。

――今は上司と酒を飲むのを敬遠する人が多いみたいですけど、それは昔から大事なことなんですね。

酒は大事ですよ。西北アジアの遊牧民スキタイの三種の神器は、斧にスキとくびき、それと「盃」。斧は戦士で、スキとくびきは農民、盃は祭司者のシンボル。だから僕は盃を集めているんです。

―そのロジックいいですね。私も盃を集めていますけど、「単なる酒飲み」と思われてしまうので。今度からそれを使います。

そうやって酒と祈りを重ねる中で、ムラという共同体ができていって、優秀な長がいるところはどんどん規模も大きくなる。それがムラの連合体としてのクニになり、有力な豪族同士が姻戚関係を結んで、大家族のような形になっていく。ヤマト王朝のはじまりはそんなファミリーのような共同体だったんじゃないかな。

―なるほど。そんな大家族の長が亡くなれば、みんなできちんと葬りたいと思いますよね。

纏向遺跡内にはそういう軌跡がちゃんと残っているじゃない。箸墓古墳は3世紀中期に造られたというのが定説になっているけど、纏向遺跡内には他にもホケノ山古墳、纏《まき》向石塚《むくいしづか》古墳、纏向矢塚《まきむくやつか》古墳、纏向勝山《まきむくかつやま》古墳、東田大塚《ひがいだおおつか》古墳と、築造時期が箸墓古墳よりも数十年、古いとされている古墳があるでしょう。

―はい。そのすべてが「ちょっと残念な前方後円墳」なんですよね。

残念な前方後円墳は「纏向型前方後円墳」ともいわれているよね。大きさも100m前後なので、形・大きさのどちらにしても箸墓古墳の前段階。272mの箸墓古墳はいきなり3倍近くの大きさになったことになる。

この周辺の初期の古墳には円墳や方墳のようなものが見られるけど、それは三輪山への信仰とつながっているように思えるんだよね。山の上に神様が降りてくるように、とんがったものの先に神様が降りてくるという発想。だから、纏向型前方後円墳もまずは円墳ありき。

―たしかに。円墳の部分はちゃんとしているんですよね。そこにくっつく方墳の部分のバランスが悪いというか……。でも、どうして円墳に方墳をくっつける、という発想になったんでしょうね？　円墳は死者を埋葬するものでしょう。単純にそれをどんどん大きくしていく、という発想でもいいと思うんですけど。ピラミッドみたいに。

方墳は死者のための祭祀を行う装置なんじゃないかな。初期の前方後円墳は、円墳のほうが高くて、方墳から仰ぎ見る形になっているでしょう。そこで祭祀を行ったんですよ。地べたでもいいけど、舞台みたいなものがあったほうが見栄えがいいじゃない。

そして、そういうものを「造ろう」となったとき、円と円じゃダルマみたいだし。方墳はあったわけだから、円墳に方墳をくっつける方法が技術的にも無理がなく、形としても均整がとれていると当時の人は思ったんじゃないかな。

中国の晋（265―420年）の儀式に「円丘、方丘の南北に祀る」というものがあったというし、高句麗《こうくり》伝来の方墳や方形周溝墓の発展した姿ともいえるかもしれない。

前方後円墳は日本オリジナル

—前方後円墳の形に関しては、中国の神仙思想の壺を表したもの、という説も根強いですよね。某国営放送も「中国からの影響」という言い方をしていますし。

影響がゼロだったとは言わないけど、前方後円墳のあの形に関していえば日本オリジナルですよ。日本人は「日本は何にもない国で、技術も文化もすべて外から伝わってきた」って言いたがるよね。完全なる自虐史観。縄文時代も弥生時代も古墳時代も「日本はよそにくらべて、文明的にかなり遅れて劣っていた」という間違った思い込みから抜けられないんだよ。たとえば、古墳の副葬品として知られている勾玉《まがたま》は、

翡翠の勾玉　唐古・鍵古学ミュージアム所蔵（奈良県）

その原料の翡翠《ひすい》が「大陸から伝わってきたもの」と言われてきたでしょう。長くなるから簡単に言いますけど、『古事記』からヒントを得た新潟県糸魚川市の学者が、昭和10年代に地元で翡翠の原石を発見したことにより、今では世界最古の翡翠は日本産で、縄文時代半ばの7000年前のもの、5~6000年前には、勾玉に製造する技術ももっていたことがわかっている。

―『古事記』にはオオクニヌシがさまざまな土地の女性との間に子をもうけたことが記されていますが、それはその土地土地にある資源が狙いだったと考えられていますよね。その中で、求愛の歌を送った相手として、高志国《こしのくに》のヌナカハヒメが登場します。高志国、すなわち越の国は今でいう福井から新潟、山形の庄内地方を含む日本海側の地。特に、新潟県糸魚川市にはヌナカハヒメとオオクニヌシにまつわる伝承が色濃く残っているんですよね。そこから、ヌナカハヒメは翡翠の象徴なのかなと思っていました。

そう思うでしょう？『魏志倭人伝』には、倭の貢物の中には「青大句珠（青く曲がった大きな石の意)」があり、倭が「青玉の産出国だった」とも記されているんだよ。でも多くの歴史学者はそれらの話を無視して、日本が世界最古の翡翠原産地であったことは昭和10年代になってようやく立証された。国石に認定されたのなんて、平成28年だよ。

—日本版の『トロイの木馬』ですね。今も『古事記』『日本書紀』(以降、記紀)に書かれていることは「神話であり、歴史ではない」とする学者が多いですが、真実であるから長年、伝わってきたともいえる。

そう、それを信じて調査してみたら、本当に質・量ともに日本随一の翡翠の産地ということがわかった。現在のところ、翡翠原産地はグアテマラくらいなんだけど、それでも2700年前。日本のほうが断然古いんだよ。

もちろん、珠の文化はすでに殷(紀元前16世紀—紀元前1046年)の時代からあるけど、あれはネフライト、いわゆる軟玉で、翡翠とは違うものなんだ。中国で硬玉が使われたのはミャンマーからの輸入で、それも清朝(1616年—1912年)中期のことだったんですよ。

―そうなんですね。重要な歴史的事実であるにもかかわらず、日本人は知らないですね。

それに「縄文時代が遅れた文化ではない」ということでいえば、稲作に移行するのが大陸よりも遅れたのは、稲作文化を拒んでいたからだという説もありますよね。稲作には田んぼが必要で、田んぼはすなわち領地。そういう意識が芽生えると、領地争いにつながる。縄文人は争いの素になるかもしれない文化を入れたくなかったという。

そういう一面もあったかもしれないけど、稲作なんてことをしなくても、十分に食べていけたんですよ。海のもの、山のもの、獣だっていたわけだから。クリやトチの実を埋めて、森も自分たちでつくっていたんだよ。100年、200年先を見越して。

三内丸山遺跡（注9）なんて、数百人が1500年も定住していたことがわかっているんでしょ。定住できるということは満ち足りていたということですよ。加えて、縄文土器の素晴らしさ。

―火焔土器（注10）に代表される造形美ですね。

縄文人は「美」の意識がすごく強かったんだと思う。そうじゃなかったら、実用のものにあんな装飾しないですよ。祭祀に使ったとしたら、すぐ壊してしまうものだよ。あれは完全に日本オリジナル。世界中、どこを探してもない。

それがなんで「遅れていて劣っている」と思うんだろう？　冗談じゃないよ。中国はすごいですよ。殷の時代の青銅器なんて、ひっくり返るくらいすごい。でもそれで、日本が遅れていたことにはならないよね。前方後円墳も中国のどこにあるっていうの？

―ないですね。勝者が敗者の先祖に遡って墓までもすべて壊し尽くすという、あちらの流儀によって影も形もなくなっているとは思えないですしね。

朝鮮半島にある前方後円墳の築造時期は早いものでも5世紀後半でしょ。どう考えたって、日本オリジナルで、日本から伝わったものでしょう。

翡翠の勾玉だって、日本は縄文時代から弥生時代を経てずっとあったけれど、半島のそれは日本の古墳時代までなかったものだし。原石はないのだから、どうみたって日本オリジナルなんだよね。

――私が学生の頃は「稲作は大陸から朝鮮半島を経由して伝わった」と教わりましたけど、最近では品種などを細かく見ていくと、南方から日本に伝わり、それが朝鮮半島にも伝わったという話ですね。

それだけ交流があったということ。向こうから伝わったものも当然あるし、同じだけ日本から伝わったものもあった。日本が一方的に受け取るだけ、なんてことはない。

翡翠なんかは当然、交易の対象となり得たものだし、僕は鉄との交換品だと思っている。もちろん、モノだけではなく人も交流し、密接に交わってきたんだよ。

箸墓古墳の大きさの理由

箸墓古墳が一気に巨大化した理由も交易にあると思うよ。方墳は祭祀場の意味合いもあったけど、祭祀を毎日していたとは思えないよね。日頃は船着き場であり、休憩地だったんじゃないかな。あれだけ広ければ、みんなで食事をとって休めるでしょう。

──え？　いきなり、すごく機能的な話になってきましたね。

だって、あれだけ大きなものを造るんだから。意味合いも複合的になってくるでしょう。前方後円墳の周濠には「治水工事」という意味合いもあったと思うし。

──そこでも水運がカギですね。これまで私、周濠は「結界」の役割で考えていました。聖なる墳墓である古墳に簡単に立ち入らせないための。

後にはそういう意味合いもあったかもしれないけど、水運が中心のこの時代は違うよね。しかも、魏の人も朝鮮半島の人も続々やってきていたと思うよ。

―前述の『魏志倭人伝』が書かれた時代ですね。

そう、翡翠の大珠か勾玉かはわからないけど、産出された青玉（翡翠）を倭が献上したんだね。これは、卑弥呼がいたと考えられている時代前後に盛んな交流があった証。この時代、中国は魏・呉・蜀の三国時代。朝鮮半島は楽浪郡《らくろう》に弁韓《べんかん》、馬韓《ばかん》、辰韓《しんかん》。あとは高句麗。交易の目的もあったと思うけど、高句麗が朝鮮半島を南下する形でグイグイ攻めてきていたし、そこから逃れてきたボートピープルみたいな人たちも相当数いたんじゃないかな。ボートピープルっていっても、今の難民みたいなものとは違うよ。当時、船を造って海を渡るには相当の財力と権力が必要だったんだから。

―王族が逃れてきた話なども記紀にありますよね。

3世紀の朝鮮半島周辺

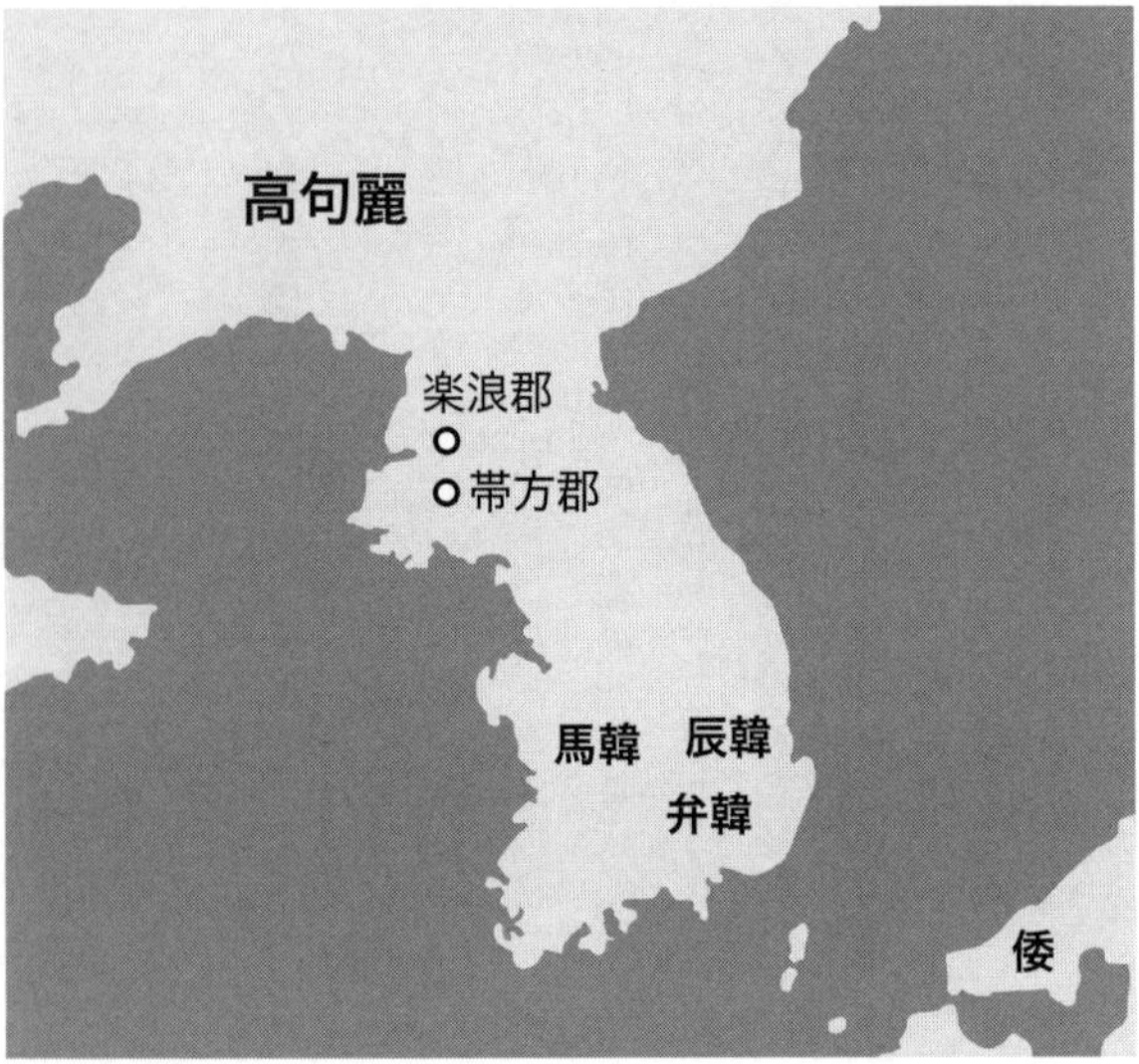

そういうこと。これ以前に、1世紀にはすでに後漢に「倭奴国《わのなのくに》」が朝貢している。半島ばかりじゃなく、南方ルートもあるからね。相当数の往来があったということ。

箸墓古墳の少し後に造られたとされる東殿塚《ひがしとのづか》古墳から、船の絵が描かれた円筒埴輪も出土しているでしょう。オールが7本、描かれていて、14人漕ぎのゴンドラみたいな船。ああいう船に乗って、人が往来していたんですよ。もっとも大陸から対馬海峡や日本海の荒海を渡ってくるのは、帆走もできるような船だったと思うけど。埴輪に描かれたのは、それに乗って、うまく天に昇っていかれますように、という祈りだよね。

—日頃、目にしていたから描かれたということですよね。

そう。あと、これだけの大工事をするためには道具が必要でしょ。大陸から渡ってきた人たちが製鉄などの技術をもっていたから、箸墓みたいな大きな古墳を造ることが可能になったんだと思う。

鉄自体は弥生時代の集落跡である吉野ケ里《よしのがり》遺跡（佐賀県）や妻木晩田《むきばんだ》遺跡（鳥取県）から鉄器が少数、出土されていることからも、紀元前4世紀には北九州や日本海沿岸の出雲周辺に持ち込まれていたことがわかる。

そうした鉄を参考に、自分たちで鋳造できるようになるまではずいぶん時間がかかっただろうし、それが大和に入ってくるまでにはさらに時間がかかっただろうけどね。

—奥出雲のたたら製鉄は古墳時代に伝わった製鉄技術をもとにつくられたといいますよね。ヤマタノオロチはその製鉄にまつわる話（注11）という説もあるので、そうすると年代設定がごちゃごちゃになっちゃうんですけど。

記紀の年代の話は、ここではちょっと横に置いておかないと。それも、天皇陵など宮内庁管理下にある古墳を調査できないことの弊害なんだけど。

箸墓古墳の被葬者は？

—弊害といえば、邪馬台国論争がなかなか決着つかないのも、そのひとつですよね。『魏志倭人伝』によって、卑弥呼の亡くなった年代が西暦２４７年か２４８年とかなり確定されたことから、箸墓古墳は卑弥呼の墓なんじゃないかと言われています。「径百余歩」とおよそ１４５ｍ級の大きな墓だったと記されていて、それが円墳部に当たると

か。塾長はどう思います？

僕は卑弥呼はたくさんいたと思っている。卑弥呼というか、「日の巫女」ね。いないと困るんですよ、太陽の神様なんだから。一共同体に一卑弥呼。

―なるほどー。宮内庁が箸墓古墳の被葬者として定めている倭迹迹日百襲姫命《やまとととひももそひめのみこと》（注12）も巫女ですものね。

巫女って、神憑《かみがか》りしたりするようなシャーマンとして認識されているけど、星や潮を読める人だったように思うんだよね。天候よりも、より重要とされたのが航海術。いつ船を出せばいいとかそういうことがわかった人が、人々から崇められていった。

―科学的根拠もあったでしょうけど、女性特有の勘が冴えたところもあったでしょうね。

そうだね。そうした中で、たくさんの卑弥呼が生まれていった。だから、そういう意味でいえば、箸墓古墳の被葬者も卑弥呼といえる。

―私、その時代にいきなり大きな墓を造って祀られたのが大王《おおきみ》ではなくて、姫ということにちょっと違和感があったんですよ。しかも、箸墓古墳に次いで造られた行燈山古墳《あんどんやま》（第10代崇神天皇陵古墳）や渋谷向山古墳《しぶたにむかいやま》（第12代景行天皇陵古墳）は山の傾斜を利用して造られているのに、箸墓は周濠まで一から造っているでしょう。それほどの力をもち、大切に祀られた姫って、どんな人物だったんだろうと。

特別な巫女であり、女王なんですよ。政《まつりごと》より祭（神事）のほうがこの時代の倭では上ですから。それに「男が女より偉い」なんていう概念を作り出したのは、うーんと後の、江戸時代、武士の階級が整ってからでしょ。そんな概念に縛られてちゃダメだよ。

―箸墓古墳の被葬者が卑弥呼だとすると、塾長は邪馬台国畿内説に賛成なんですか？

邪馬台国はどこかって言われたら、それは南九州だろうと思うけどね。

―え？　北九州ではなく、南九州ですか？　吉野ケ里遺跡の立場は？

吉野ケ里遺跡を邪馬台国だと言い張っているのは古代史ファンで、実際はそういう証拠は出ていないでしょう。それよりも、記紀に書かれていることをこれくらいは信じてあげてもいいじゃない。天孫が降臨し、ヤマト王朝の前身が誕生したのは南九州でしょう。北九州は大陸との交易の玄関口。より航海術が重要とされたわけだから、最強の巫女といえる卑弥呼が誕生したのは北九州なんじゃないかと思う。

古墳の向きは屋号の代わり

―箸墓古墳の被葬者がそうした「日の巫女」だとして、箸墓古墳は夏至の日の太陽を計

算して造られているという説がありますよね。

それはあるだろうね。でも、あの周辺にある前方後円墳、全部違う向きで造られているでしょう？　それはなんでだと思う？

―私、それが不思議だったんです。前方後円墳が夏至の日に昇ってくる太陽の力を必要とする祭祀を行うものとするなら、全部同じ向きのはずですよね。

僕は向きでそれぞれが認識されていたんじゃないかと思うんだ。いつも使う船着き場を認識するための目印として。

―そんな、前方後円墳を「馴染みの宿」みたいに。

そういうことだよ。知り合いが大和に行くっていうから、「いい船着き場あるよ」って。「オレの名前出したら、よくしてもらえるよ」って教え合っていたんですよ、きっと。向きは屋号の代わりみたいなもの。

それと、古墳の墳丘上部に置かれた円筒埴輪、あれは何のためだと思う？

―祭祀上の道具ですよね？　上に壺を置く特殊器台として、弥生時代に吉備（岡山県）で発達を遂げたものと学習しましたが。

そう。この地域で墳丘上部に円筒埴輪が置かれるようになったのは箸墓古墳から。それも吉備で作られたものなんだよね。纏向遺跡からは他に伊勢地方のものも出土していて、大和に物が集まってきていたことがわかる。

で、円筒埴輪だけど、たしかに祭祀のために壺も置いたかもしれないけど、夜、あれに松明を入れていったらすごいと思わない？

―わあ、それはすごいです！　行ってみたい！

でしょ、そうやって松明を灯して、宴会をしていたと思うんだよ。海や川を渡ってはるばるやってきた人たちをそこでもてなし、また命がけで出ていく人たちのために祈る場所だったんですよ。

―それが偉大な巫女や大王が眠る場所であれば、祈りもより届きそうですよね。

手漕ぎの場合、一日に移動できる距離は限られているでしょう。実際、一日20㎞が限界らしい。そうすると、どこで休むかがすごく重要になるよね。ただ休むだけでなく、安全で食料も供給できる場所でないといけないんだから。海沿いの場合は、風待ち、潮待ちで数日間、待たなければならないこともあったと思うよ。

天皇陵調査、すべきか否か

―そういう用途を果たすためのものとして、箸墓古墳から第10代崇神天皇、第11代垂仁天皇、第12代景行天皇と、大きな前方後円墳が次々に造られていったということですね。

そうやって言うけどさ、あの古墳に本当にそれぞれの天皇が祀られているかはわからないんだからね。調査していないんだから。

三輪山があって、倭迹迹日百襲姫命の墓とされる箸墓があってと、記紀に書かれていることと、条件が揃っているからこの地域に治定されたわけだけど。記紀が編纂されたのって、崇神天皇の時代から６００年近く後のことでしょ？　崇神天皇の年代も記紀からは正確には割り出せないんだから。治定されていることは尊重するけど、言われたままを丸々信じることは僕はないな。

―信じちゃったほうが簡単で、ロマンも感じられる気がするんですけどね、私は。すべてつまびらかにされなくても、という気分はあります。

「信じろ」と言うのなら、やっぱり調査が必要でしょう。僕なんて、ストーリーが整い過ぎていると、逆にちょっと怪しいと思ってしまう。

―私、宝来山《ほうらいさん》古墳（第11代垂仁天皇陵古墳）なんて、ストーリーのまま胸を射抜かれてしまいましたよ。周濠内にある小島が田道間守《たじまもり》の墓とされているところ。田道間守は、天皇の命令で橘を求めに常世国《とこよのくに》に行くんですが、戻ってきたときには天皇はすでに崩御されていて、その陵の前で自ら命を絶つんです。あの天皇陵の横に寄り添うように浮かんでいる小島の姿がいじらしくて、もう……。ロマンですよ。

あの景色は美しいと思うよ。ロマンも感じるけど、僕はロマンだけじゃ嫌なんです。この一帯が好きなのは、我が国最古の道である山辺の道に、古墳が現れてくるという景色に意味があって、古墳一つひとつに意味は見出していないかな。石上神宮から古墳を見つつ、三輪山で完結するという流れ。並んでいるということがひとつの歴史でしょう。そう理解するしかないじゃない。何度も言うけど、調査されていないんだから。

黒塚古墳の奇跡

─でも、そんなアンチ天皇陵調査派の私も、黒塚《くろづか》古墳から発掘されたおびただしい数の鏡を見たときは「行燈山古墳を調査したいなあ」と思いました。どれほどの鏡があるんだろうって。

あれは奇跡だね。平成になって、三角縁神獣鏡《さんかくぶちしんじゅうきょう》が33面と画文帯神獣鏡《がもんたいしんじゅうきょう》1面が出土。築造されたのが3世紀末というから箸墓古墳の少し後だよね。

三角縁神獣鏡は、卑弥呼の鏡だという説もあるけど、いずれにしてもそれをレガリアとした王が統治の印として、各地に配ったものだと思う。

北九州に多く出土する内行花文鏡《ないこうかもんきょう》というのがあるけど、それは三角縁神獣鏡とは違った部族がいた証拠。出雲や越の一部にみられる四隅突出型墳丘墓なんていう独特な形の墓にしても、前方後円墳の時代直前にあった「倭国の争乱」は半島や一部中国を巻き込んだ、言うなれば東アジア史の一地方として見るべきだと思う。

話を戻すと、黒塚古墳には、この時代の古墳につきものの葺石や埴輪は出てきていないというから、何らかの事情で造りかけだったのかもしれないけど、そのことがこの奇跡を呼んだといえる。

―それはどういうことですか？

早い段階で古墳だとわからなくなってしまったということですよ。サイズも130mだから、あの付近には他にもはごろごろあったんだろうし。そのおかげで、奇跡的に盗掘されずに副葬品が残っていた。

行燈山みたいな古墳は目立つから。天皇陵とされているところはきっと、すべて盗掘されていますよ。

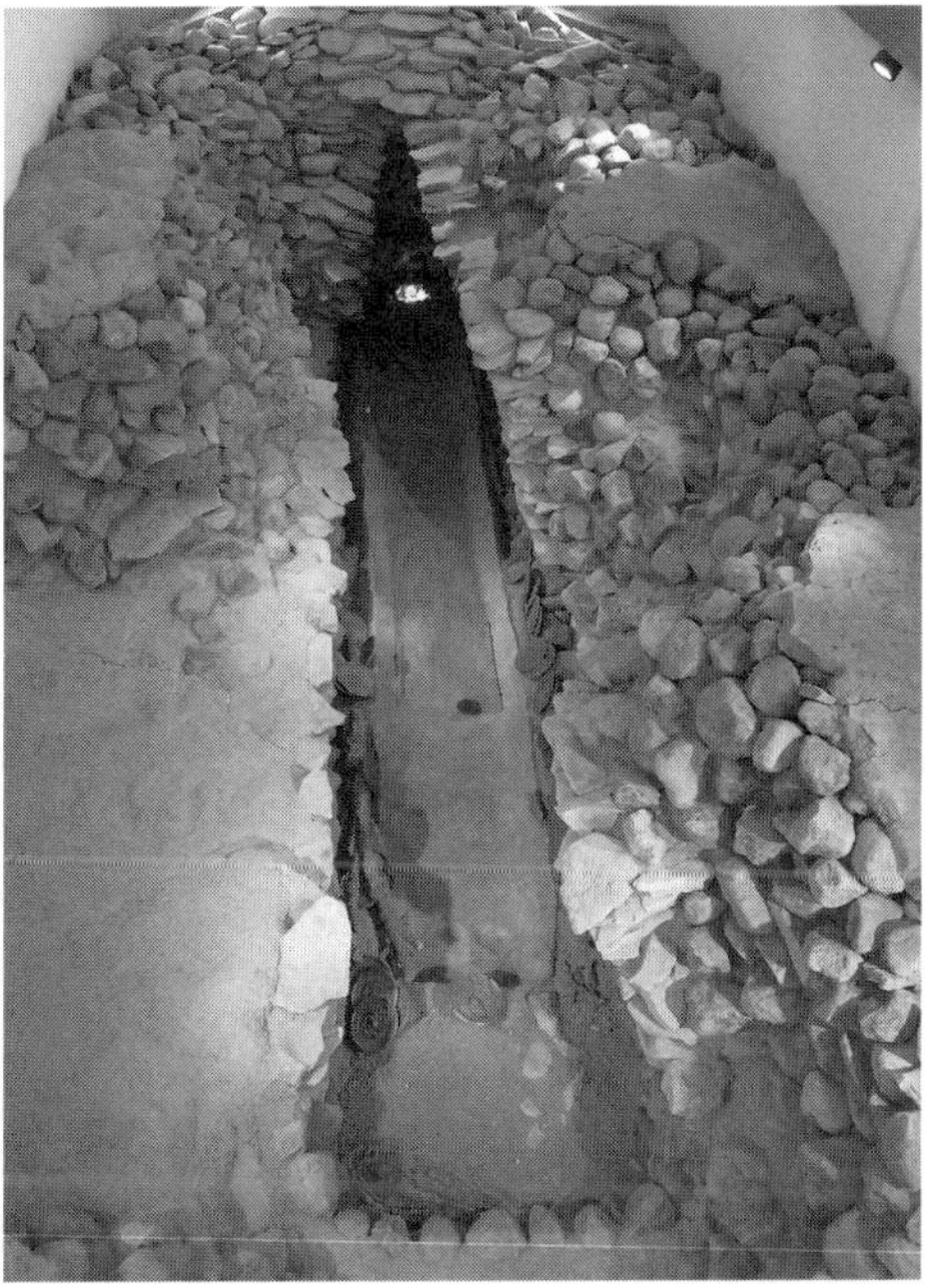
復元された、発見当時の黒塚古墳石室。三角縁神獣鏡写真は口絵参照。黒塚古墳展示館（奈良県）

―それじゃあ、調査しても誰の墓かはわからないんじゃないですか？

それでも、しないよりはしたほうが築造年代も今よりは確実に真相に近づけるだろうし、空っぽだったとしても石室内には被葬者についてのヒントが何かあるでしょう。

逆に、副葬品があったとして、それで年代をはかるほうが疑問。被葬者が２００年前の先祖が魏から贈られた鏡を大事にしていて、「それと一緒に埋葬してほしい」と言ったこともあり得るわけだし。それで、その古墳の築造年代が「矛盾がある」なんていうことになるのはおかしいと思わない？

―たしかにそうですね。でも、盗掘した人たちは鏡や剣を持っていって、どうしたんでしょう？　自分たちで祀ったんでしょうか？

交易に使えるでしょう。古鏡は現代でもマニアがいるくらい、立派な美術品でもあるんですから。逆に、埴輪が残っているのは値打ちがなかったから。

政治の中心がこの地にあって、墓守のような存在がいる間は持っていかれないように守られるけど、よそに移ってしまったら忘れられていくよね。

景行天皇から2代後、第14代仲哀天皇からは、古墳も大阪に移る。「遠いし、ひいひいひいじいさんだからお参りはもういいか」ってなりますよ。それで誰が埋葬されているかも、だんだんわからなくなっていったんだと思う。

でもさ、古墳ってなんで誰が埋葬されているか明記されなかったんだろう？

―そうですね。それぞれ、わかるところに石碑でも建てておいてくれれば、こんな苦労はしなかったのに。

僕が神社をすごいなと思うのは、古墳より古い時代からの信仰が続いていること。諏訪大社（注13）の御柱祭のように、縄文的精神を支える人が絶えることなく続いているってすごいことですよ。

―そうですね。でも古墳の上や近くに建っている神社は多いですよね。もう誰を埋葬したかもわからなくて、盗掘されて中身も空っぽだけど、そこが「神聖な場所」という記憶は土地の人々の間に残っていたんだろうなと思うんですよ。

死後の世界を守るための埴輪

—行燈山古墳（第10代崇神天皇陵古墳）に行くと、宮内庁管理のお約束で鳥居があって、手を合わせる場所も決まっているじゃないですか。行燈山古墳はその左右に陪冢《ばいちょう》（大型の古墳と同時代に、その周囲に築造された小型の古墳）があるでしょう。他では陪冢って、本体の前方後円墳を囲むように、とはいっても、バラバラとあちこちにあることが多いですけど、ここは左右にきちんとある。なんだか、狛犬みたいで好きなんですよ。

僕も陪冢は好きですよ。本体の前方後円墳にまつわる副葬品が埋納されていて、比較的、発掘もされているでしょう。武器ばかりたくさん出土したりしておもしろい。

—副葬品もありますけど、陪冢って親族とか家来とか、前方後円墳に祀られている者と近しい者の墓であることもあるでしょう。記紀によると、崇神天皇の頃はまだ殉死があったと思うので、ふと「殉死した人たちが埋葬されているのかな……」なんて考えてし

まうんですが。

野見宿禰《のみのすくね》（注14）が殉死をやめさせるために埴輪を作ったのは垂仁天皇のときだよね。その話の真偽はさておき、殉死した人はいたでしょうね。

でも命令ではなく、自発的だったと思うよ。たとえば、一緒に大陸から渡ってきて、亡くなった首長と長く苦楽を共にした人だったら、そうするのが自然なことだったかもしれない。

―明治天皇が崩御されたときの乃木希典みたいなことですね。死後の世界でも、おそばでお仕えしたいと願う。

どんなことが待ち受けているかわからないんだから、死後の世界は。そばにいてあげたいと思うよね。今だって、守り刀を一緒に火葬するでしょう。

大事なことは、あちらの世界でも「安心して幸せに暮らせますように」と、家形埴輪

家形埴輪。今城塚古墳（大阪府）

を中心に、現世生活の様子を再現しているということ。

―家形埴輪を見て、「わあ、神社と一緒」と言ったら、塾長に「神社がこれを真似したんだよ！」と怒られましたね。

神社に社殿ができたのは、仏教がこの国に入ってきた後のことだからね。古墳時代からしたら３００年も後のこと。しっかりしてくださいよ。

―おっしゃる通りです。すみません。

大雑把にこの一帯をまとめるとすると、ヤマト王朝なのか、三輪王朝なのかわからないけど、そういう一大勢力がたしかに存在したということ。その人たちの大王ならび、それに準ずる尊い人たちが埋葬されている場所であり、その当時の空気感を今でも感じられる場所、といえるかな。

―たしかに。ここはビルとか高い建物がないですものね。

次に行く大阪は、古墳は大きいけど、昔の空気を感じさせるものは一切ないよね。そこが奈良のすごいところ。一番古いところが一番そのままに残っているって奇跡だよ。

古墳ファイル1

箸墓《はしはか》古墳

■所在地

奈良県桜井市

■陵形

前方後円墳

■規模

墳丘長272m（国内第11位）

■築造年代

３世紀中期

■メモ

最古の前方後円墳。宮内庁により、第７代孝霊天皇の皇女・倭迹迹日百襲姫命の墓「大市墓《おおいちのはか》」として、治定されている。近年、卑弥呼の墓の可能性があるとして注目を集める。

「規模」は各古墳所在地の観光協会データより。
「築造年代」は平成29年現在の調査結果によるもの。

古墳ファイル2

行燈山《あんどんやま》古墳

■所在地

奈良県天理市

■陵形

前方後円墳

■規模

墳丘長242m（国内第16位）

■築造年代

４世紀前期

■メモ

宮内庁により、第10代崇神天皇陵「山邊道勾岡上陵《やまのべのみちのまがりのおかのえのみささぎ》」として治定。

古墳ファイル3

渋谷向山《しぶたにむかいやま》古墳

■所在地

奈良県天理市

■陵形

前方後円墳

■規模

墳丘長約300m（国内第８位）

■築造年代

４世紀後期

■メモ

宮内庁により、第12代景行天皇陵「山邊道上陵《やまのべのみちのえのみささぎ》」として治定。

古墳ファイル4

宝来山《ほうらいさん》古墳

■所在地

奈良県奈良市

■陵形

前方後円墳

■規模

墳丘長227ｍ（国内第20位）

■築造年代

４世紀末～５世紀初

■メモ

宮内庁により、第11代垂仁天皇陵「菅原伏見東陵《すがわらのふしみのひがしのみささぎ》」として治定。周濠には、殉死した田道間守《たじまもり》の墓と伝わる小島が浮かぶ。

1時限目　注

1　山辺《やまべ》の道《みち》　奈良県の三輪山から春日山へ、奈良盆地の東側を南北につなぐ大和の古代道路。沿道には石上神宮、大神神社などの古社や古墳時代初頭（3世紀中期）からの古墳群が連なる。

2　石上神宮《いそのかみじんぐう》　奈良県天理市。第10代崇神天皇の御代に「石上大神を石上布留の高庭に祀った」と伝わる日本最古の神社のひとつ。御神体でもある「七支刀《しちしとう》」（国宝）には由緒が刻まれており、西暦369年に製作されたと考えられている。

3　大神神社《おおみわじんじゃ》　奈良県桜井市。由緒が『古事記』に記されている、神話時代からの信仰を伝える古社。大国主神の前に現れた大物主大神が国づくりを手伝う代わりに「吾をば倭の青垣の東の山上にいつき奉れ」と言ったと記され、その「東の山」が三輪山であるとされる。

4　枚岡神社《ひらおかじんじゃ》　大阪府東大阪市。神武東征の折、この地に上陸した初代・神武天皇が国土平定を祈願して、天児屋根命《あめのこやねのみこと》、比売御神《ひめみかみ》の二神を祀ったのが創祀。橿原の地で初代天皇として即位する3年前のことと伝わる。

5　神武東征《じんむとうせい》　アマテラスの命により、この地を治めることになった天孫・ニニギノミコト。その3代目の孫に当たるカムヤマトイワレヒコは、国を統一するため生まれ育った日向の地から大和へと出征。先々で強い抵抗に遭いながらも、橿原宮で初代天皇として即位するまでを綴った説話。

6　神奈備《かんなび》　神の鎮まる場所。神聖な山や森を指し、山や森そのものを御神体とする信仰。

7　春日大社　奈良県奈良市。和銅3年（710）、奈良に平城京ができたとき、国の繁栄を願い、鹿島神宮から武甕槌命《たけみかづちのみこと》、香取神宮から経津主命《ふつぬしのみこと》、枚岡神社から天児屋根命、比売御神を迎え、祀ったことに始まる。

8　遮光器《しゃこうき》土偶《どぐう》　縄文時代（晩期のものが多い）につくられた土偶。全身スーツのような衣服、目にはゴーグルのようなものをつけた姿は宇宙人を連想させる。ゴーグルはイヌイットやエスキモーがつけていた遮光器にも似ていることから、この名がつけられた。東北地方が中心だが、北海道南部から近畿地方に及ぶ広範囲で出土している。

9　三内丸山《さんないまるやま》遺跡《いせき》　青森県青森市。紀元前3500年～紀元前1000年（縄文時代前期中頃～中期末）の長期にわたる大規模集落跡。「縄文人は狩りや漁、木の実の採集などで暮らし、食料がなくなるとよその土地に移る」とされていた、それまでの縄文時代の概念を覆す大発見となった。

10　火焔土器《かえんどき》　縄文時代（中期とされる）につくられた土器。燃え上がる炎のような造形、その装飾性には目を見張るばかりである。

11　ヤマタノオロチと製鉄の話　『古事記』『日本書紀』に記載される島根県奥出雲地方を舞台とした神話『ヤマタノオロチ』。スサノオが村人を苦しめてきた8つの頭をもつ大蛇、ヤマタノオロチを退治する話であるが、「ヤマタノオロチは人物であった」という説がある。
　スサノオの子である五十猛命《いそたけるのみこと》を御祭神とする、奥出雲にある伊賀多気《いがたけ》神社の由緒には「鉄を作るために周囲の山々を禿げ山にしているオロチ族を父神とともに倒し、その後、住民とともに禿げ山に樹木の苗を植えた」とある。

　砂鉄を三日三晩焼き続ける「たたら製鉄」では大量の薪が必要とされ、木が伐採され尽くし、周辺の山々の土壌を弱くした。そのため、奥出雲を流れる斐伊川《ひいかわ》は雨が降るたび氾濫し、村々を襲った。斐伊川には砂鉄が流れ、それが近年まで川面を赤くしていたといい、雨のたびに暴れる赤い川・斐伊川を大蛇に見立てたのではないかと考えられている。

12　**倭迹迹日百襲姫命**《やまとととひももそひめのみこと》　第7代孝霊天皇の皇女。第10代崇神天皇の時代、災害疫病に国中が襲われたとき、大物主神がこの姫に神憑りして、「私を敬い祀れば、国に平安をもたらそう」と告げたと『日本書紀』に記されるように、巫女としての役割を果たしていたと考えられている。

　また『日本書紀』はその後、倭迹迹日百襲姫命が大物主神《おおものぬしのかみ》と結婚したと伝える。夜にしか現れない神が昼には蛇に姿を変えることを知り、驚いた姫に怒った神は三輪山へと去ってしまう。あまりのことにその場に座り込んだ姫は女陰を箸で突き、それが元で命を落とした。そのため、「箸墓」と人々が呼び、その墓は「日（昼）は人作り、夜は神作る」と記されている。

13　**諏訪大社**《すわたいしゃ》　長野県諏訪湖周辺に、上社本宮、上社前宮、下社春宮、下社秋宮の四社をもつ古社。7年に一度行われる勇壮な御柱祭には全国から見物客が訪れる。

14　**野見宿禰**《のみのすくね》　出雲国の力自慢として知られ、第11代垂仁天皇により、大和国の力自慢、当麻蹶速《たいまのけはや》と相撲（角力）を取ることを命じられる。その勝負に勝った野見は当麻の地を与えられ、垂仁天皇に仕えた。この説話により「相撲の神様」として現在も信仰されている。

2時限目　巨大化する前方後円墳

―大阪・河内をたどる

大和から河内へ移った前方後円墳

—2時限目の舞台は、14代仲哀天皇から、大王の墳墓である前方後円墳が移った大阪・河内平野ですね。

突然移ったわけではないけどね。時系列で言うと、纏向遺跡を含む大和《おおやまと》・柳本古墳群から少し北上して宝来山古墳（第11代垂仁天皇陵古墳）のある佐紀《さき》古墳群ができる。そこから南下して、河内のほうへ寄った葛城《かつらぎ》地域に馬見《うまみ》古墳群ができる。

河内へ移動するのはその次。ミサンザイ古墳（第14代仲哀天皇陵古墳）は藤井寺市、第15代応神天皇陵古墳である誉田御廟山《こんだごびょうやま》古墳は羽曳野市、どちらも「古市《ふるいち》古墳群」とされているね。

—徐々に河内のほうへ寄っていっているんですね。

古墳群の移動

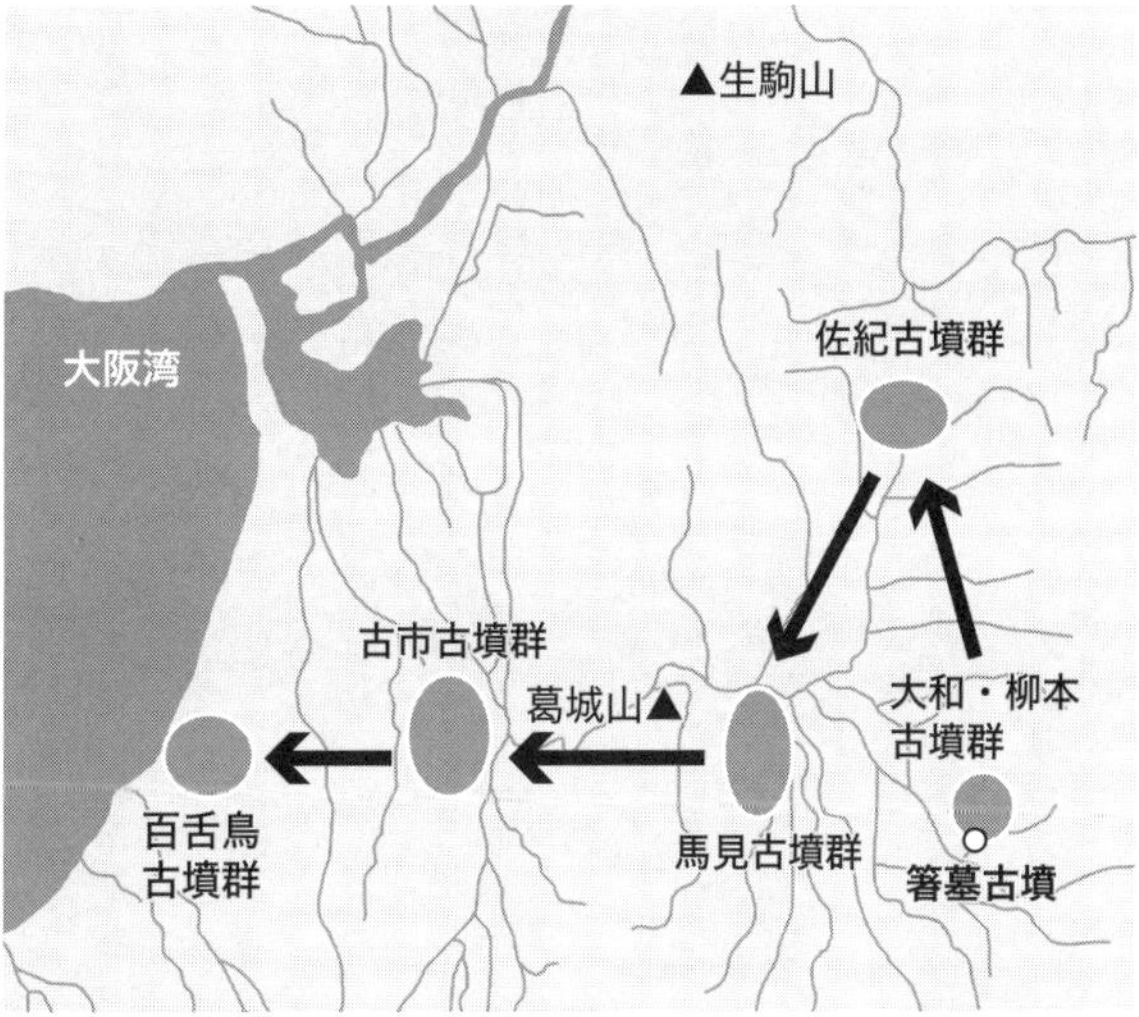

仲哀天皇は角鹿（福井県敦賀）に移り、笥飯宮《けひのみや》を造営したり、敦賀から徳勒津宮《ところつのみや》（和歌山県和歌山市）経由で、穴門豊浦宮《あなとのとゆらのみや》（山口県長門）で后である神功皇后と落ち合って、6年滞在したとあるように、大和には一度も入らなかったかもしれないね。

―神功皇后に「新羅に攻め込め」との神託があったのに、それに従おうとしなかったため、天皇は筑紫で命を落とした、と伝えられていますよね。その後、神功皇后自ら軍を率いて新羅に侵攻し、凱旋したとされる（三韓征伐）。仲哀天皇、神功皇后ともに「実在しなかった」という説が根強いですね。

自ら海を渡り、朝鮮大陸に攻め込んだことから、神功皇后も卑弥呼クラスの巫女であったろうと、そこから「神功皇后＝卑弥呼」とする説もあるね。

そのへんの真偽はわからないけど、仲哀天皇、神功皇后の子である応神天皇の時代に、それ以前とは比較にならないくらい、多くの渡来人がやってきていたというのは事実といえる。特に百済からは王族や学者などがやってきて、仏教や『論語』『千字文《せんじもん》』などの優れた文物、さまざまな技術がもたらされた。百済のために軍を派遣し、新羅と一戦交えたり、河内に出てきてからのほうが数段、王朝としてパワーアップした印象を与えるのはたしか。

武内宿禰《たけのうちすくね》のように、景行―成務―仲哀―神功（皇后）―応神―仁徳と6代に尽くしたといわれるバケモノの補佐役もいるし。

―謎ですよね、武内宿禰。この人のせいで、仲哀天皇、神功皇后の不在説がより強まっている気がします。

武内宿禰は実在の人物、葛城氏系だと僕は思っている。葛城氏の本拠地である奈良県御所市の最大の古墳（室宮山《むろみややま》古墳）が武内宿禰の墓と伝えられていたでしょ。ただ当然、一人の人物ではなくて、この時代の王権を成立させるために力を尽くした氏族の象徴。天皇は祭（神事）を司る者だけど、それだけでは王権は成立しない時代になっていく。そこで、武内宿禰が政の部分、すなわち軍事も含む政治の部分を受け持ち、支えたんじゃないかな。

―なるほど。王権として安定した仁徳天皇のところで存在が消えていくのも、そういうことを暗示しているのかもしれませんね。

そうでしょう。景行天皇の子とされるヤマトタケルの各地の遠征（注1）などに見られるように、この頃、国内各地に王がいたように思う。それら、ヤマト王朝に従わない勢力をヤマトタケルが平定していったと神話は伝えている。

　当時は、それら各地の王たちが朝鮮半島のみならず中国大陸各地の部族とそれぞれ独自に密接な交流をもっていた。あちらの王がこちらにきて、倭王の一人になることもあるし、逆の場合だってあったと思うよ。後の時代だけど、源義経が向こうに逃げ延びて、チンギス・ハーンになったという説があるように、その逆が実際にあったっておかしくないと思わない？

　記紀に主人公のように書かれているから「征伐」のようにイメージしてしまうけど、実際はヤマトタケルを差し向けたヤマト王朝と各地の王との間に、力の差はそれほどなかったと思うんだよね。


―たしかに。女装してだまし討ちとか、木の刀を相手に渡して、とか、ヤマトタケルは結構、卑怯な戦いの連続なんですよね。「ギリギリの戦いだったから」と思えば、少し理解できます。

とはいえ、ヤマトタケルの後に、中国、中部、関東地方に巨大古墳が造営されていくから、ヤマトタケルのような征伐王がいなくなったため、各地に大勢力が勃興したとも言えなくはないんだけど。

―そういう解釈もできますか。でも、吉備が特に重要な地だったということは、次章で改めて。

ちょっと脱線しますけど、神功皇后が実在しなかったとしても、「新羅に攻め込め」との神託が「流血なしに従えることができ、国内も治まるから」というものだったり、神功皇后が出陣にあたり「降伏してきた者と女子供には手を出すな」と兵士たちに伝えたと、『日本書紀』に記されているところ、私、好きなんですよね。1300年前、私たちの先祖はすでにそういう感性をもっていたと感じられるでしょう。

まあ、感じ方は人それぞれですけど。とにかく、応神天皇陵と考えられている誉田御《こんだご》廟山古墳《びょうやま》はそれまでの大和の300m級から、いきなり100m以上も大きい墳丘長425mの巨大さをもって、ここ河内に造られたということ。その前段と見られている馬見古墳群が200m級のものしか造られていないことからも「一気に巨大化した」という印象を与えるよね。

誉田御廟山古墳を中心として、4世紀末か5世紀初頭から6世紀中期にかけて、120基ほどの古墳が造られたことで「古市古墳群」と呼ばれているけど、現存しているのは45基。整理しておくと、仲哀、応神の他にも、第19代允恭天皇、第21代雄略天皇、第22代清寧天皇、第24代仁賢天皇、第27代安閑天皇の天皇陵に治定されているものがある。

—あのー、大阪府が作ったパンフレットによると、雄略天皇陵古墳とされているものが2つあるんです。島泉丸山古墳《しまいずみまるやま》と島泉平塚古墳《しまいずみひらつか》、どういうことなんでしょう?

2つとも「雄略天皇陵」になっているんだ。なんだろうなあ。

もともとは島泉丸山古墳が雄略天皇陵古墳として伝えられていたんだけど、円墳なんだよ。この時期の天皇陵が円墳っておかしいでしょ？　だから幕末、尊王思想の盛り上がりもあって、天皇陵の修繕が盛んに行われた時代に、近くにあった方墳の鳥泉平塚古墳と一緒に囲って、前方後円墳ってことにしたんです。

しかも、そういうなんとなーくの前方後円墳を、明治18年（1885）には2つの間の土地も買い上げている。円墳と方墳の間には周濠があるから、どう見ても2つの古墳だけど。

―宮内庁のウェブサイトでは方墳も陵の一部とされてはいますが、一応「円丘」になっていますね。陵墓参考地になっている河内大塚山古墳《かわちおおつかやま》のほうがゆったりと大きくて本物っぽい気がしますけど、こちらも築造年代と雄略天皇の時代に差異があるんですよね。なんだか無茶苦茶ですねえ。

今、宮内庁が管理している天皇陵古墳は一事が万事、そんな調子ですよ。まあ、そのへんは後でじっくり話しましょう。

誉田八幡宮での獅子噛によるお出迎え

誉田御廟山古墳は、誉田八幡宮があるのがよかったね。誉田を「こんだ」と読むのには驚いたけど。誉田は応神天皇の諱《いみな》の「誉田別尊《ほむたわけのみこと》」からきていることは間違いないだろうけど、「ほむた」でも「ほんだ」でもなく、「こんだ」は難しい。

―この周辺の住所も「誉田《こんだ》」なんだそうですね。調べましたが、どうしてそうなったかはわからないみたいです。

私はいきなり社殿の欄間を、だんじりの獅子噛《しがみ》ががっちり噛んでいたのにも驚きましたよ。大和から流れてきて一発目に「河内の洗礼！」と思いました。

だんじり祭ね。岸和田をはじめ、西日本各地で行われているけど、このへんはだんじり祭圏じゃないでしょう。ただ、ここの楽車《だんじり》が「移動式芸能屋台の始まり」と言われているらしいね。

あと、鎌倉時代に作られた神輿が国宝に指定されている。昔はそれで、例祭のときに天皇陵の後円墳の頂上まで登っていったんだそう。今はもちろん立ち入り禁止だけど。

王朝は変わったのか？

そうして、大和から古市へ移った前方後円墳は、さらに西へと移動していく。第16代仁徳天皇、第17代履中天皇、第18代反正天皇の3つの天皇陵が造られたのが「百舌鳥《もず》古墳群」。4世紀末から5世紀後半にかけて、100基ほど造られたとされていて、現存しているのは44基。

大仙陵《だいせんりょう》古墳（第16代仁徳天皇陵古墳）は墳丘長486m。エジプトのクフ王のピラミッドよりも、中国の秦始皇帝陵よりも遥かに大きい世界最大の墳墓。それもあって、百舌鳥古墳群・古市古墳群合わせて現在、世界文化遺産登録を目指しているわけだけど、どうだろうね。

—なんだか、そちらにも物申したい感じですね、塾長。でも大和からこの河内平野に古墳が移ったことや古墳が巨大化したことから、「大和で政権を握っていた王朝（ヤマト王朝）から別の王朝（河内王朝）に変わった」と考えられているようですね。

言われてはいるけど、僕はそう思わないいな。政権を奪い取って、河内という新天地で自分の王朝を開いたのに、なんでやっつけた相手が誕生させた前方後円墳という形を踏襲するの？　天皇陵ってシンボルだよ。僕だったら、絶対嫌だね。

—たしかに、私も嫌です。意地でも新しい形にします。

人間の感情として、そういうものでしょ？　だから僕は「王朝は変わっていない」と考えている。「万世一系」というのはその後の知恵だと思うけどね。
この時期、大王だか天皇だか名称はさておき、この地にある有力な長がいて、その長の一族の周りに、葛城氏、吉備氏、和珥《わに》氏、阿曇《あずみ》氏、物部《もののべ》氏、平群《へぐり》氏などの有力氏族がいた。どの氏族から嫁をとるかによって、変化は当然生まれるでしょう。河内周辺を本拠地にしていた氏族と婚姻関係を結んだから、河内寄りになっていった、とかね。

――有力氏族がみんな親戚みたいな感じですかね。

そうだったと思うんだよね。応神天皇は、宮は大和に置いたと伝えられているし、墳墓にしても、第20代安康天皇陵古墳はまた大和に戻っているんですよ。場所も、第11代垂仁天皇陵古墳の近く。また、第22代清寧天皇から何代かは、古市と大和で交代に造っている。王朝が違うものになったとしたら、違和感のある話だよね。

5世紀の国際都市・河内

百舌鳥古墳群のビューポイントといえば、堺市役所21階の展望ロビーになるのかな。世界一の大きさを誇る大仙陵古墳（第16代仁徳天皇陵古墳）を一望できる。

―そうですね。私、大仙陵古墳を歩いて一周してみたんですけど、濁った堀と民家の間を延々歩いた……という感じ。結論としては「上から見るのが正解」です。陪冢はじめ、古墳があちこちにあるのは楽しかったですけど。

展望ロビーからは美しい形がよくわかったのと、あまりに海に近いところに造られていることにビックリしました。造られた当時はもっと海ギリギリだったわけですよね。

仁徳天皇は宮も難波高津宮《なにわたかつのみや》に移したでしょう。海に向かってグイグイ行き過ぎな気がします。大事な存在なのだから、もっと奥に引っ込んでいたほうがいいのに。

高津宮は諸説あるけど、今の大阪城辺りといわれているよね。まあ、たしかに前線基

昭和44年に撮影された百舌鳥古墳群。左端、一番大きい古墳が大仙陵古墳。写真奥には海が広がる

地もいいところ。大阪湾というのは瀬戸内海を通って、それこそいつ外敵が攻め込んでくるかわからない場所なんだから。しかも突破されたら最後、大和にまで簡単に侵攻されてしまう。だからこそ、そういうところに宮を造り、墳墓もあの巨大な規模で造られたんだよ。

大将が戦いの先頭に出ていかなくなるのは最近のことで、戦国時代だって大将が名乗りを上げて、先頭切って敵陣に突っ込んでいくスタイルだったでしょう。先頭で戦わない大将に人はついていかないから。

5世紀の朝鮮半島周辺

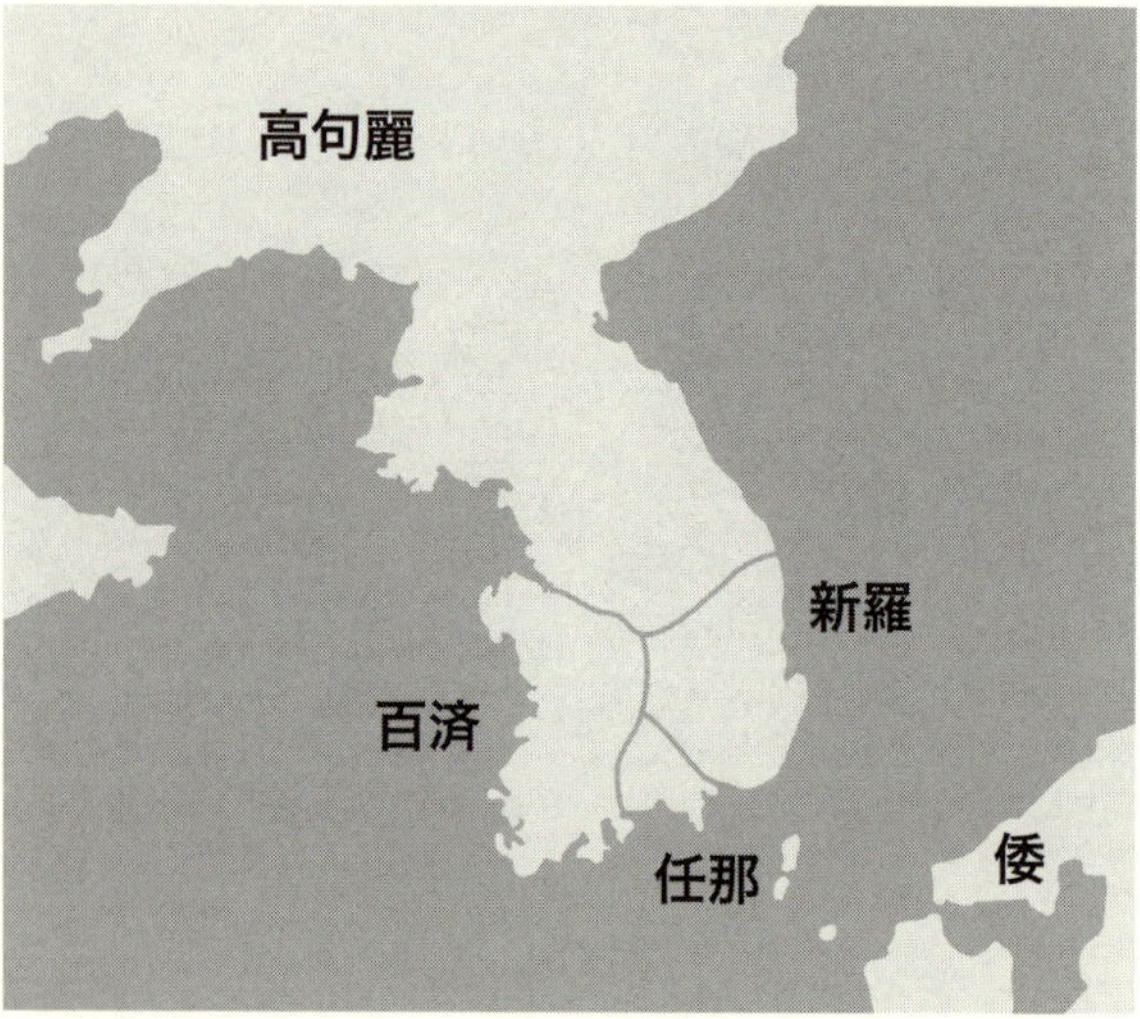

―たしかに。でも、大将自ら先頭で戦う姿勢を見せなければならないほど、この時期は緊迫していたということでしょうか？

中国の史書である『宋書』に「倭の五王」が盛んに朝貢をしていたことが記されているのがこの頃。西暦421年から502年までの間に13回にわたって、「讃、珍、済、興、武」という倭の王が5代に渡って朝貢し、宋の皇帝に「安東将軍・倭国王」の官爵を求めているんだよね。諸説あるけど、讃が仁徳天皇に当たるんじゃないかと考えられている。

その背景には、朝鮮半島における覇権争いがあったと思う。百済と協力して、高句麗や新羅と対峙しながら、半島に領土も広げていた時代。応神・仁徳王朝というのは王権を奪い合う内乱に近い闘争も続いていて、各地の勢力が個々に半島との同盟関係も築いていた時代。たとえば百済の南部、現在の栄山江流域を中心に、5世紀から6世紀にかけて前方後円墳があり、円筒埴輪まで出土していることなんて、こちらからあちらへ文化が流れていた証拠だしね。

でも、河内を中心とした土地というか、そこは守りたいという共通の意思みたいなものが僕はあったと思う。

―国内外において同盟関係ばかりでなく、攻められる可能性も当然あった時代ということですね。

一触即発、ということではないにしろ、この時代のこの地はものすごい国際都市ですよ、特に東アジアの歴史の中において。想像を膨らませれば、ササン朝の西アジアからシルクロードを股にかけて賑わっていたと思う。だから墳墓も大きくする必要があった。出土された副葬品で見ると、大和の古墳からは青銅鏡や玉類といった祭祀色の強いものが出てくる。でも河内に移動してからは甲冑や刀剣、馬具が出てくるようなる。大王という存在が司祭長から武人に変わったことをよく示しているよね。だから、武内宿禰のような存在も必要なくなった。

秦始皇帝陵とのタイマン勝負？

—国内外からやってくる人の数が増えたから、それに対応して、天皇陵が施設として巨大化したということですか？

箸墓あたりはその要素もあるけど、大仙陵古墳の大きさは度を超えていると思わない？　僕は力の誇示の意味合いが強いと思うな。海を渡ってきた人たちに自分の力を見せつけるための装置としてね。東京オリンピックのために新しい競技場建てるのと同じ発想、単なる見栄ともいえる。

自分の力を見せつけるのに、視覚に訴えるのは強いよ。当時の人がお墓にどういうイメージをもっていたかはわからないけど、とてつもない人工建造物であることには違いないわけでしょう。

―大阪湾に近づくにつれて、あの巨大な古墳が目に入ってくるわけですよね。

そう。全体を葺石で覆われているから、昼なんかは太陽に照らされてピカピカ光っていたと思うよ。夜は松明で煌々と明るい。相手を威圧するにはぴったりだよね。今見たって大きいんだから、百舌鳥古墳群は海を意識して築造されたものだよ。

―中国の情報、たとえば秦始皇帝陵の情報なんかも入ってきていたら、それに負けないものを造ろうという意識はあったでしょうね。

そうそう。仲良くしておこうという反面、なめられないようにしようという意識も当然あったろうし。城は基本的に山城だから、前方後円墳のほうが装置としてはいいよね。長い航海の果てに、あんな建造物があってごらんなさいよ。びっくりするよ。

――今の感覚じゃ測れないくらいの衝撃でしょうね。どれだけの国力があるんだろうと。相手をビビらせるには十分。秦始皇帝陵とのタイマン勝負は大仙陵古墳の勝利ですね。

墳丘は3段になっているんでしょう。相手の代表者を一番高いところに、家臣たちはその下の段に待機させるとか、交易を優位に進めるためにそういう演出もできそうだよね。とにかく、大仙陵古墳があれほどに巨大化し、湾岸に造られたのは、防衛のための力の誇示というのが最大の理由だと思う。

――地図を見ていて気がついたんですけど、大仙陵古墳の南側は地名が石津で、石津川と

いう川も流れているんです。「さては」と思って調べてみたら、一説には淡路島から運ばれてきた石が積まれている港だったので、そういう名前になったと。それは古墳造営に使う石だったんじゃないかなあと思ったんですよ。

それと、製鉄の技術をもった集団が石津川周辺に住んでいたという話もあるんです。石津川の支流が一部、百済川と呼ばれていたり、現在の陵南町が昔は「百済村」だったり。その辺りに百済人の製鉄集団がいたのかなあ、なんて。さらに、信長の時代に堺が鉄砲鍛冶で栄えたのもその流れを汲んでいるのか、なんて妄想が膨らむんですよ。

まあ、あれだけの建造物を造るんだから、鉄の道具も相当数必要だったろうし。近くにそういう製鉄施設があっても不思議じゃないよね。

それが百済人だったかはわからないけど、大陸から伝えられた技術をアレンジして高めていくのが日本なんだよね。近代になってよく言われたことだけど、昔からそうなんだよ、日本人は。管玉《くだだま》って、紐を通すために真ん中に穴を開けるでしょう。半島で作られたものと日本で作られたものはひと目で見分けがつく。僕らの国の人は器用だから、寸分違わず真ん中に穴を開けられるんだよね。だからヒモを通したときに、一直線に玉が揃ってすごくきれい。穴が揃ってないと、そうならないから。だから鉄もどんどん質がよくなっていったんじゃないかな。

—そういう技術にも支えられて、この巨大建造物ができたわけですね。これをきちんと調査して、それを基に造られた当時の姿に復元したら、すごいでしょうね。

すごいだろうねえ。観光の目玉にしたいんだったら、復元して、いっそのこと、たとえば陪冢は高級カッシーノにすればいいんだよ。

後の遣唐使など見てもわかる通り、海を渡ってくるのはセレブやエリート。前方後円墳というのは当時、北東アジアの高級な社交場だったといえるんだから。

発掘もせず、誰の墓かもわからないまま世界遺産を目指すんじゃなく、もっと広い視野と発想が必要だと思う。

―その発想のひとつが「高級カッシーノ」ですか。カジノではなく。

カッシーノはそもそも、ヨーロッパ発祥の上流階級の社交場だったんだよ。規模も小さくて、上品で落ち着いた空間だった。今のカジノ誘致合戦を見ても、ラスベガスやマカオを意識した巨大カジノの発想の域を出ていないでしょう？　そんな貧困な発想のまま「総合リゾート」なるものを造ったって、要は国際会議場にカジノ機能をつけたような、半世紀も経たずして壊されるようなものになるんだよ。

一方、世界遺産登録を目指す古墳群は１６００年、壊されることなく、その姿を現代に伝えているんですよ。「遺産」というからには未来にむけて人々から愛され、次世代に引き継がれるものじゃないといけないと思う。

百舌鳥古墳群周辺の環境を鑑みると、古墳だけ孤立させて「遺産」とするには僕は無理があると思うなあ。

天皇陵治定作業は突貫工事

—今、天皇陵として治定されている古墳、治定までにはいかず「陵墓参考地」とされている古墳は宮内庁によって管理されて、調査などもできない状態になっていますよね。そもそも調査もしていないのに、どうして被葬者が特定できたんでしょう？

記紀と『延喜式』（注2）の記述から天皇陵を治定する動きが出始めたのは江戸時代中期。武士の時代になって、天皇に天皇陵を管理する力もなくなって、３００年以上も経っていたわけだから、すでに天皇陵と思われる場所も荒れ果てて、わからなくなっているものも多数あった。水戸黄門の徳川光圀はそうした天皇陵を復興させるために幕府に建白書も出している。

—さすが黄門様。そうした歴史的観点をもっているから、『大日本史』（注3）も編纂できたんですね。

というより、『大日本史』を編纂する中で、なんじゃないかな。日本建国からの天皇の歴史を見ていくにつれ、天皇陵の惨状に気づいたのかもしれない。江戸時代は国学なども盛んになったように、この国の成り立ちを見つめ直す余裕があった時代といえるよね。それにより、天皇陵の周垣の整備なども行われるようになったけど、天皇陵治定に一番大きな影響を及ぼしたのは、江戸時代後期の儒学者、蒲生君平《がもうくんぺい》(注4)。どこにあるかもわからなくなっていた天皇陵を歩いて調査して『山陵志』を著した。形状についても細かく書かれていて、「前方後円」という言葉は蒲生が作ったんだよ。荷車に見立てたらしい。

—荷車！　初めて納得がいきましたよ。長らく、「なんで前が方墳で、後ろが円墳なんだろう」と思っていたんです。上が円墳で下が方墳な感じに見ちゃうじゃないですか。

そうだね。そうして丹念に調査をしていった蒲生でも、どうしてもわからなかった天皇陵はもちろんあった。それを初代の神武天皇から一代も欠けることなく治定されたのは明治になってから。明治維新を経て、天皇中心の新しい国家をつくり上げるに当たって、「お墓がどこにあるかわからない」はまずいでしょう。諸外国に対しても面目が立たない、ということで突貫工事のように治定されていった。

―だから、なんだか怪しいものが多いんですね。

そういうこと。「うちの村の古墳がそうです」「いや、うちのです」みたいに天皇陵の誘致合戦みたいなものもあったらしいし、反対に「大事にしてきた古墳を国にとられてなるものか」とわざと言い伝えと違う古墳を教える、なんてこともあったというよね。

―記紀の記述も乏しく、不在説が根強い第2代綏靖天皇から第9代開化天皇までの「欠《けっ》史八代《しはちだい》」(注5)の天皇陵もきちんとあるのがなんというか……という感じなんですよね。でっち上げ感満載というか。初代神武天皇の御陵は、私はすごく好きな場所ではあるん

早朝の神武天皇陵（奈良県橿原市）

ですけど、橿原神宮（注6）とともに「明治になってできたんだよなあ」というモヤッとしたものがやっぱり去来するんです。

神武天皇陵は現在の場所の他に2つ候補地があったんだよ。『古事記』の「御陵は畝傍《うねび》山の北の方の白樹の尾の上に在り」という記述にもっとも近いのは実は別の場所だったんだけど、大きく立派な天皇陵にするために都合がよかったのが今の場所。

―う、そう言われてしまうとツライ。神聖な空気を感じるんですけどね。

それは否定しないよ。明治神宮の森もそうだけど、国土の復元力とでもいうのか、すでに100年以上、聖地として守られてきているのと、自然の森として自らの力で育ってきているから、そういう空気にもなるでしょう。

僕は明治に突貫工事のように治定作業を行ったことを非難するつもりはない。あの時代、そうせざるを得なかった事情はよくわかるからね。

でも、明らかな矛盾点を抱えたまま、一体いつまでそのままにしておくの？　学術的な裏付けと保存の方法をもうきちんと考えていかなければならない時期なんじゃないかと思うよ。宮内庁は「皇室の先祖の安寧と静謐、静安と尊厳を守る」ためとして、調査を許さないけど、被葬者を間違えたまま、形式的に手を合わせているほうがよっぽど不敬だと思うけどね。

開けてはいけないパンドラの箱

―聞くのがコワイ気もしますが、「明らかな矛盾点」とは例えばどんなものが？

そうだなあ。出土した埴輪の欠片によっても、その古墳が造られた時期がかなり正確にわかるようになってきているんだよ。焼き方とか薄さとかを見てね。埴輪は埋められたものじゃないから、深く掘り起こさなくても比較的、入手しやすい。

百舌鳥古墳群・古市古墳群でいえば、周辺の陪冢の調査とかもあって、それぞれの天皇陵の築造年代を割り出したりもしている。それによると、上石津ミサンザイ古墳（第17代履中天皇陵古墳）は、大仙陵古墳（第16代仁徳天皇陵古墳）より古い。

岡ミサンザイ古墳（第14代仲哀天皇陵古墳）は、誉田御廟山古墳（第15代応神天皇陵古墳）よりも、島泉丸山古墳（第21代雄略天皇陵古墳）よりも新しい、ということになる。

―仲哀天皇陵、かなり痛いですねえ。でも、「このままにしておこう」という宮内庁の気持ちもわかる気がしてきましたよ。　時が万事、こんな調子なんですよね？　もうパンドラの箱ですよ。それぞれの天皇陵の調査をして、被葬者が確定されたり、正確な築造年代を割り出されたら、天皇陵総とっかえ、みたいな事態になりますよ。その修正作業を想像しただけで気が遠くなります。

だからといって、このままでいいの？　少なくとも、呼称は最新の研究成果に基づくべきじゃない？

明治時代は明らかな矛盾が出たときは修正しているんだよ。第40代天武天皇・第41代持統天皇合葬陵は長らく丸山古墳とされていた。蒲生君平もそう書いている。明治政府も当然、それにならったんだけど、明治13年（1880）に、京都の高山寺《こうざんじ》（注7）から確実な文書が出てきて、それにより現在の御陵に変更になった。

──その名残で、今も丸山古墳の円墳部は宮内庁管理下にあるんですね。方墳のほうは歩き放題で石塔なんかも建てられているのに、円墳の頂上の一部だけ柵で囲われていましたもんね。

あれもおかしな話だよね。「陵墓参考地に格下げになった」ということなんだけど、

丸山古墳の前方墳の上に立ち、後円墳側を撮影する白洲塾長

確実な天皇陵がわかったんだから、参考も何もあったもんじゃないと思わない？
　丸山古墳の被葬者はおそらく第29代欽明天皇でしょう。現在、欽明天皇陵とされている梅山古墳は江戸時代の古図では双円墳に描かれているんだよ。前方後円墳でもないのに、なんで治定されたんだか。古代においで、最も大事な天皇ですよ、欽明は。

―そうですね。でも丸山古墳はきれいな古墳でしたよね。大きくて、墳丘の段もちゃんと残っていて。辿り着いたのが夕方だったので、夕陽にすごく映えていたのが尚更、印象深いです。今回の取材中、いくつか夕陽の時間に訪れた古墳がありますけど、どれもすごく美しかった。夕陽が似合うんですよね、古墳って。

たしかに朝日より夕陽だね、古墳は。夕陽が沈む方向は阿弥陀浄土があるところだから。死者を弔う気持ちと夕陽と古墳が重なるような、そういうものが無意識に僕らの中に染み付いているのかもしれないね。

ついでに丸山古墳について話すと、6世紀後半に造られた「最後の前方後円墳」と考えられている。石室の中には石棺が2基、合葬されていたんだけど、古いほうの棺をはじによけて、40年ほど新しい棺が奥に置かれていたそうだよ。

合葬陵ということで、欽明天皇と堅塩媛の陵墓、第28代宣化天皇と橘皇女の陵墓とする説や蘇我稲目の墓とする説もある。

—仏教が入ってくるや、いち早く崇仏派となった蘇我稲目《そがのいなめ》ですね。前方後円墳が造られなくなっていった背景には仏教の影響もあるんでしょうか。

国の形が整っていくに従い、前方後円墳で力の誇示をしなくてもよくなった、ということじゃないかな。でも、前方後円墳の衰退と翡翠の勾玉の終焉というのが同時期なのは偶然じゃないと思うんだよね。その線で考えると、力の封印という意味合いもあるのかなと。

――力の封印？　前方後円墳と勾玉は同時期になくなっているんですか？

そう。この時代、大化の改新（乙巳《いっし》の変）が行われて、その中で出された薄葬令で墳墓の小型簡素化が決定的になった。それって、ヤマト王朝、この時代はもう大和朝廷といっていいのかな、その意向が地方にも及ぶようになったということ。

その中で翡翠の勾玉がなくなったというのは、その産出国である越の国の勢力を削ぐ狙いがあったのかなと思うんだよ。

――翡翠の用途をなくし、価値をなくそうとしたということ？　それによって、越の力を弱めたということですか？

一説としてね。でも、大和朝廷の意向が地方にも及ぶようになって、律令制が整い始めたとはいえ、「支配」と考えるのは違うよ。今でいえば、アメリカ合衆国みたいなもの。それぞれの州の独自性があって、法律もそれぞれ違って、国といえども口出しできない、そんな形の集合体だったと思う。

――そういうイメージはまったくなかったですね。

江戸時代を考えてみてよ。特に幕末なんて、徳川慶喜とそれぞれの藩の殿様の力関係は大して差がなかったでしょう。僕なんて細川家に仕えていたからよくわかるけど、今の時代までそれは続いているからね。殿様は今も殿様。

――今も殿様……。それは秘書をされていても、さぞ大変だったことでしょうねえ。

話を戻して、前方後円墳が方墳や円墳になっていくのは、仏教の影響もあると思うけど、格段にお手軽に造れるということも大きかったと思うよ。

天皇陵は終身刑

そんなことよりも天皇陵の調査を今後どうするか、ということですよ。

――やっぱり必要なんでしょうね。

僕は墓荒らしをしろと言っているんじゃないんだよ。考古学とか周辺の学問が進み、調査方法も保全の方向で進化しているのに、そのすべてを受け付けないのはどうかと思う。そうやって守ってきてくれたから、今もきちんと残っているという功績は認めるけどね。

—守られていない古墳はどんどん壊されていっていますもんね。百舌鳥古墳群がもとは100基以上あったのに今は44基。半数以上が壊されたということでしょう。

でも、「ただ残しておくだけでいいんですか?」という話なんだよ。白洲正子が美術館や博物館に入れられている骨董品を「終身刑」と言ったんだけど。誰にも触ってもらえず、使ってももらえず、ただじっとそこにある、というだけ。天皇陵古墳もそういうことですよ。

—骨董品はまだ真実を伝えられているけれど、天皇陵にはそれすらもないということですもんね。それはたしかにつらいなあ。

そう。僕は世界遺産をありがたいともなんとも思わないし、あちこちの地方自治体が登録目指して躍起になっているのは疑問なんだけど。天皇陵古墳の調査を巡っての、この状況を打破するには大仙陵古墳の世界遺産登録しかないかもしれないとも思っている。

—ユネスコによってなんらかの調査が入るとか？

それもある。そもそも被葬者が確定されていないもの、認めてくれないでしょう。どうしても内部調査が必要になるんじゃないかな。大仙陵古墳の被葬者だって、諸説あるのはご存知の通りでしょう。

ボストン美術館に「伝・大仙陵古墳出土」の銅鏡と金銅の環頭太刀の柄があるけど、この環頭は百済の武寧王陵のそれと似ているし、銅鏡もあちらの細線式獣帯鏡《さいせんしきじゅうたいきょう》（唐草文《からくさもん》縁薄肉刻七獣帯鏡《ぶちはくにくこくしちじゅうたいきょう》）と似ているんだよね。あちらは墓碑から523年と確実にわかっているから、同時期の権力者であり、それも誉田御廟山古墳を上回るものを命令した人物しか考えられないと思う。それが果たして仁徳か？　僕は疑問だな。

—『日本書紀』の編年と西暦の整合性をとるのって、なかなか難しいんですよね。

でも、そういう議論よりも、日本人の古墳に対する概念を覆すきっかけになるかもしれないということを重要視したいんだよね。今の日本人の大半は古墳のことを「こんもりした緑の丘で、お墓」程度にしか認識していないでしょう。

お墓って史跡じゃないんだよ。文化財でもないの。日本人の大半が古墳を「文化財じゃない」と思っているということなんだよね。それはダメでしょう。

ピラミッドだって、始皇帝陵だって、人類共通の文化遺産とされているんだよ。大仙陵古墳はそれ以上に優れた建造物であるのに、日本人自らが文化財として認めていないって、終わってない？

—たしかにそういう認識は薄い気がします。

たとえば奈良の正倉院（注8）は古墳同様、長らく宮内庁の管理下に置かれていたんだけど、平成9年（1997）に国宝に指定され、翌10年に世界遺産に登録されたことによって、文化財保護法が適用されるようになった。これは正倉院が宮内庁のものではなく、「国民共有の財産」になったということ。世界遺産登録のメリットとして、文化財としての意識を高めるということもあるのかなと思う。

伝統工芸に対してもそうなんだけど、日本人は「文化財」に対する認識が希薄だよね。観点が産業保護の域から出ていない。それで「観光立国を目指す」とか、寝言もいい加減にしろと言いたいよ。

古墳も伝統工芸もよその国にはない、日本独自の立派な文化であり、観光資源ですよ。本質が見えていないから、世界遺産なんていうレッテルに頼るしかない。そのものの本当の価値がわかっていれば、自分たちで堂々とPRできるでしょう。それだけの価値と魅力にあふれているものが日本にはたくさんあると思いますよ。

―同感です。富士山が世界遺産に登録されたとき、ものすごく違和感がありました。富士山が素晴らしいということをなんで外国人から言われないと認識できないんだろうと。

でも、それによって富士山が日本人にとってどんな山であったのか、修験の山であり信仰の対象であったということを多くの日本人が学ぶきっかけになったでしょ。大仙陵古墳も正しく認識されるには、世界遺産しかないのかなとも思うんだよ、残念ながら。

古墳ファイル5

誉田御廟山古墳《こんだごびょうやま》

■所在地

大阪府羽曳野市

■陵形

前方後円墳

■規模

墳丘長425m（国内第２位）

■築造年代

５世紀前期

■メモ

宮内庁により、第15代応神天皇陵「恵我藻伏崗陵《えがのもふしのおかのみささぎ》」として治定。陪冢からは「金銅製透彫鞍金具《こんどうせいすかしぼりくらかなぐ》」が出土。国宝に指定されている。

古墳ファイル6

岡《おか》ミサンザイ古墳

■所在地

大阪府藤井寺市

■陵形

前方後円墳

■規模

墳丘長242m（国内第16位・行燈山古墳と同位）

■築造年代

5世紀末

■メモ

宮内庁により、第14代仲哀天皇陵「恵我長野西陵《えがのながののにしのみささぎ》」として治定。

古墳ファイル7

大仙陵古墳《だいせんりょう》

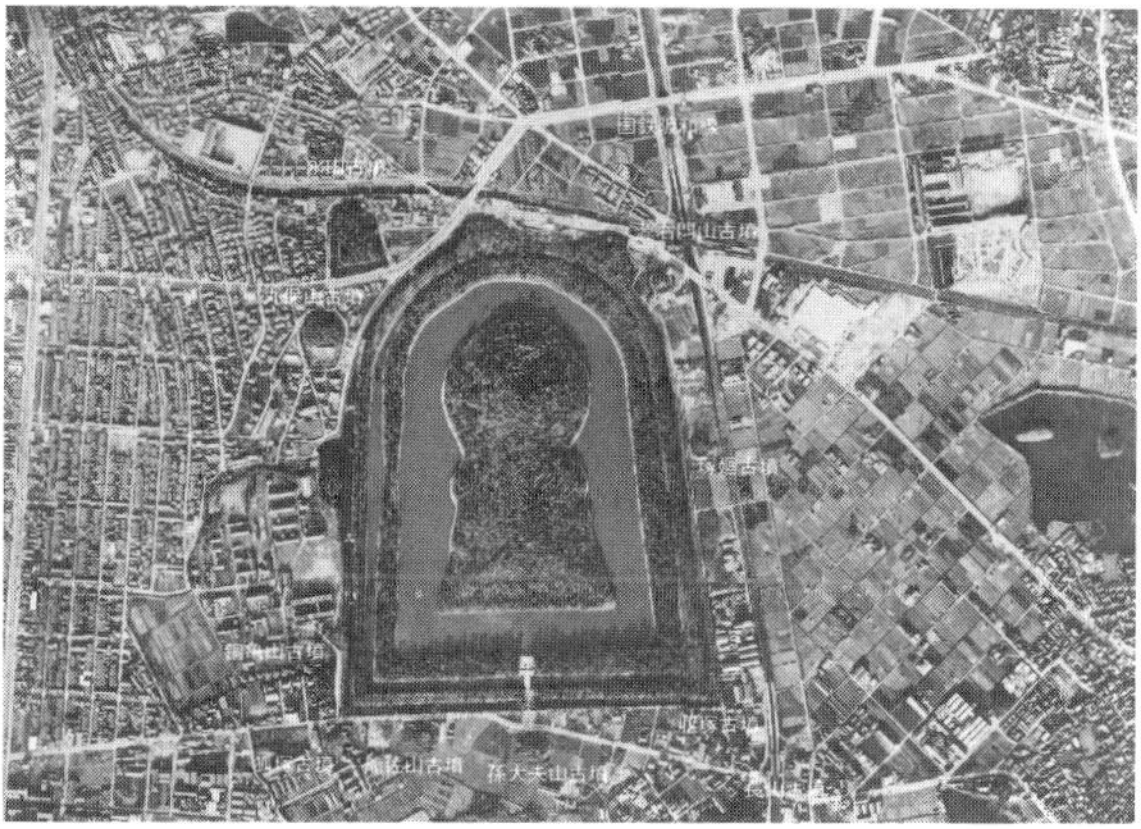

■所在地

大阪府堺市

■陵形

前方後円墳

■規模

墳丘長486m（国内第１位）

■築造年代

５世紀前期〜中期

■メモ

日本最大の前方後円墳であり、世界最大の陵墓。宮内庁により、第16代仁徳天皇陵「百舌鳥耳原中陵《もずのみみはらのなかのみささぎ》」として治定。墳丘は三重の周濠で囲まれている。

古墳ファイル8

河内《かわち》大塚山《おおつかやま》古墳

■所在地

大阪府羽曳野市・松原市

■陵形

前方後円墳

■規模

墳丘長335m（国内第５位）

■築造年代

６世紀後期

■メモ

大正14年（1925）、宮内庁により、第21代雄略天皇陵の参考地に治定されるまで、墳丘内には村があり、人が居住していた。濠の中を道が通っているのはその名残とされる（現在は通行禁止）。

古墳ファイル9

丸山《まるやま》古墳

■所在地

奈良県橿原市

■陵形

前方後円墳

■規模

墳丘長310m（国内第6位）

■築造年代

6世紀後半

■メモ

6世紀後半に造られた「最後の前方後円墳」。長らく、第40代天武天皇・第41代持統天皇合葬陵とされていたが、明治になり改定。「見瀬丸山古墳」とも呼ばれるが「丸山古墳」が適切。

古墳ファイル10

天武《てんむ》・持統天皇陵古墳《じとうてんのうりょう》

■所在地

奈良県高市郡明日香村

■陵形

円丘

■規模

墳丘長南北50m、東西45m

■築造年代

７世紀後半

■メモ

宮内庁により、第40代天武天皇・第41代持統天皇陵「檜隈大内陵《ひのくまのおおうちのみささぎ》」として治定。

２時限目　注

1　ヤマトタケルの各地の遠征　『古事記』によると、第12代景行天皇の皇子であるヤマトタケルは南九州、出雲に出兵し、それぞれ平定。続いて「東の方の十二道」（関東）の服従しない者たちを次々平定。戦いに明け暮れた生涯を送ったとされる。

2　延喜式　律・令・格の施行細則を編纂した法典。延喜５年（９０５）に編纂が開始され、施行に移されるまでに40年もの月日を要した。その中の『諸陵式』に、朝廷が管理すべき陵墓がまとめられている。

3　大日本史　徳川光圀によって編纂が始められた歴史書。光圀の死後も水戸藩、水戸徳川家が事業として引き継ぎ、明治39年（１９０６）に完成した。初代神武天皇から第１００代後小松天皇までが記されている。

4　蒲生君平《がもうくんぺい》　明和５年（１７６８）－文化10年（１８１３）。江戸時代後期の儒学者。32歳で天皇陵調査の旅に出立。初代・神武天皇陵のある奈良から、第84代順徳天皇陵のある佐渡ヶ島までを踏破する。その成果である『山陵志』は貧困の中、借金をしながら書かれたという。

5　欠史八代《けっしはちだい》　第２代綏靖天皇から第９代開化天皇までを指す。『古事記』『日本書紀』にその名はあるものの、系譜や都、山陵を記すのみで他の天皇のような詳しい記述がないため、「実在しない」との説が有力。

6 橿原神宮《かしはらじんぐう》 奈良県橿原市。初代神武天皇がこの国を開いた地（日本建国の地）である橿原に、明治23年（1890）に創建。御祭神は神武天皇とその后である媛蹈鞴五十鈴媛命《ひめたたらいすずひめのみこと》。

7 高山寺《こうざんじ》 京都府京都市。宝亀5年（774）、第49代光仁天皇の勅願により開創。建永元年（1206）、第82代後鳥羽天皇により、名僧・明恵《みょうえ》上人に下賜される。『鳥獣戯画』はじめ、多くの国宝・重要文化財を所蔵することでも有名。

明治13年（1880）に発見された『阿不幾乃山陵記《あふきのさんりょうき》』という古文書に、鎌倉時代に「野口王墓古墳」で盗掘があったことが記されており、その詳しい記述により「野口王墓古墳」（現・檜隈大内陵）が第40代天武天皇・第41代持統天皇合葬陵であることが確定された。

天皇陵が盗掘されたことは、センセーショナルな事件として当時の人の間に知れ渡り、『新古今和歌集』の撰者・藤原定家が日記『明月記』にも書き記している。

8 正倉院《しょうそういん》 奈良県奈良市。天平勝宝8年（756）、光明皇太后が夫である第45代聖武天皇の七七忌に、遺愛の品約650点と60種の薬物を天皇の強い願いによって造立された東大寺の盧舎那仏に奉献した。その後も皇后の奉献は続き、その品々は東大寺の正倉に収蔵された。その正倉が現在、「正倉院」となり、収蔵品は「正倉院宝物」とされる。どの品もその時代を代表する一級品であり、毎年秋に開かれる正倉院展は長蛇の列の人気を博している。

3時限目

広がりを見せる前方後円墳

―岡山、北関東を巡る

吉備の古墳

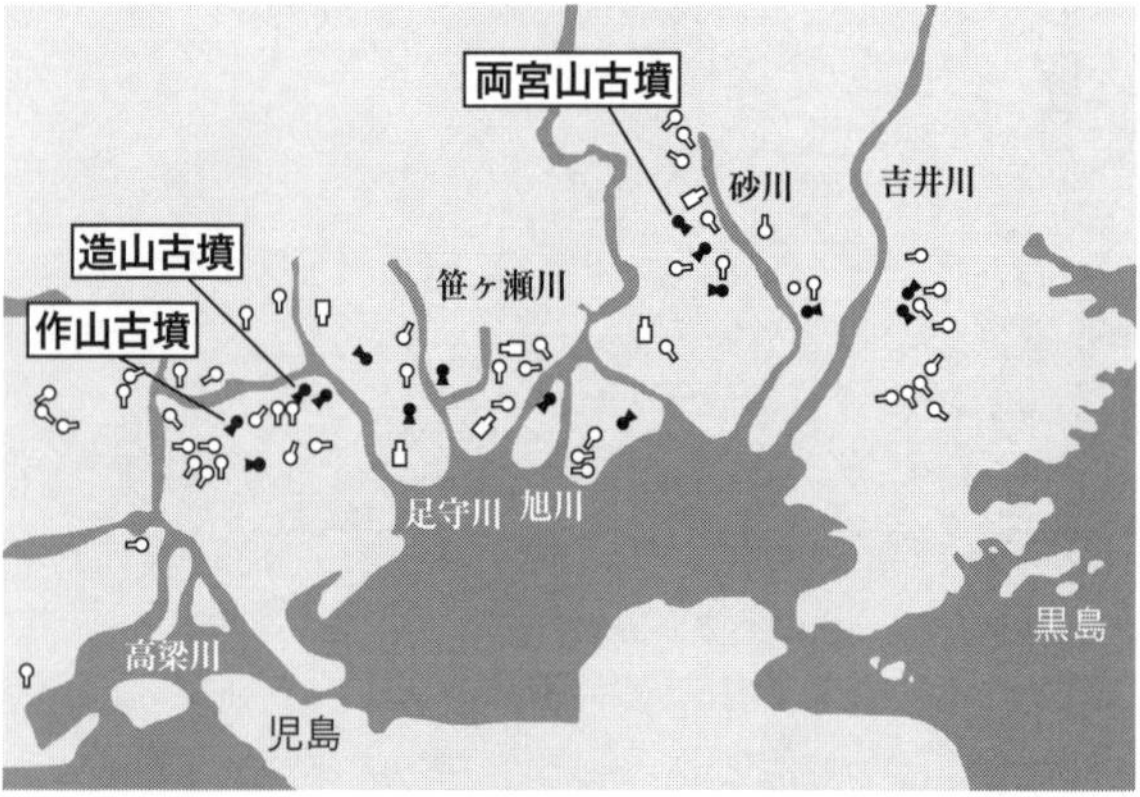

ヤマト王朝に匹敵する勢力・吉備

3時限目は伝播していった前方後円墳を見ていこう。岡山は感動的だったなあ。一番最初に行ったのは、両宮山《りょうぐうざん》古墳だっけ？

—そうですよ。塾長、「前方後円墳の上を歩くの初めてだー」って、超テンション上がってました。

だって、それまで前方後円墳は「宮内庁に管理された柵の向こう」という認識しかなかったから。まさか、その上を歩けるとは思っていなかった。丸山古墳の前も何度も通っていたのに、その頭があったから、車を降りて近くまで行ったことすらなかったんだよ。

―丸山古墳といえば、日本全国の前方後円墳の大きさランキング第6位でしたよ。ベスト10を調べてみたんです。

1位　大仙陵古墳（第16代仁徳天皇陵古墳）　486m　大阪府堺市
2位　誉田御廟山古墳（第15代応神天皇陵古墳）　425m　大阪府羽曳野市
3位　上石津ミサンザイ古墳（第17代履中天皇陵古墳）　365m　大阪府堺市
4位　造山古墳　360m　岡山県岡山市
5位　河内大塚山古墳（第21代雄略天皇陵参考地）　335m　大阪府羽曳野市
6位　丸山古墳（第40代天武天皇陵参考地）　310m　奈良県橿原市
7位　ニサンザイ古墳（第18代反正天皇陵参考地）　300m以上　大阪府堺市
8位　渋谷向山古墳（第12代景行天皇陵古墳）　300m　奈良県天理市
9位　仲津山古墳（仲姫命陵古墳）　290m　大阪府藤井寺市

10位　作山古墳　　　　　　　　　２８６m　岡山県総社市

―ここまで紹介してきた、大和と河内の天皇陵古墳に混じって、造山《つくりやま》古墳、作山《つくりやま》古墳と岡山県の古墳が２つもランクイン！　岡山、すごくないですか？　ちなみに、11位は箸墓古墳です。

そう、この時代の古墳を語る上で外せないのが岡山。というか吉備だね。律令制下になると、備前、備中、備後、美作と４つの国に分断されたことからも、もとがいかに大きくて、ヤマト王朝が神経質になっていたかがわかる。

第10代崇神天皇のときにすでに吉備津彦命《きびつひこのみこと》（注1）が平定のために遣わされているし、第21代雄略天皇、いわゆるワカタケルの妃の一人に、吉備上道臣《きびのかみつみちのおみ》の娘である稚媛《わかひめ》がいたり、出雲との関係も深く、初代神武天皇が大和へ進軍するときに8年も滞在したのも吉備だった。

―吉備津彦によって平定されたから「吉備」になったんですもんね。

造山古墳の築造年代ははっきりとは確定されていないんですが、それでも5世紀初頭の上石津ミサンザイ古墳と同じくらいか、それよりも少し後に築造された誉田御廟山古墳と同じくらいの時期とされているんです。……この時点で、第15代天皇よりも第17代天皇の陵墓のほうが古い、という矛盾が生じているんですけど。

被葬者のことは横に置いて、単純に古墳の規模で考えると、上石津ミサンザイ古墳とはそれほど変わらないわけだよね。河内に巨大古墳が造られていた時代、それに匹敵する国力をもった勢力がこの地にあった、ということだよ。

河内の古墳が巨大化した理由は国外の敵に対してと、もうひとつ国内的にもその力を見せつける必要があったんだと思う。

でも聞くところによると、造山古墳は丘陵を利用して造られたということだよね。

―そうみたいですね。墳丘の2段目までは地山で、その上に盛り土がされているようです。あと、10位にランキングしている作山古墳も造山古墳の少し後に、丘陵を加工して造られたものだそうです。

それって、ヤマト王朝を意識しての究極の見栄張りだよね。平地に土を盛っていくよりも楽をして、同じ規模のものを造ったわけでしょう。吉備津彦命に平定された時代から300年以上経っているわけだし、新たな勢力が力をもって、ヤマト王朝と敵対していてもおかしくない。でも前方後円墳を造っているわけだから、ここもヤマト王朝との連合体と考えたほうがいいんじゃないかと思うけど。

――しかも、造山古墳は近年の発掘調査によって、周濠跡も発見されているんですよ。もしかしたら二重だったかもしれないという痕跡もあるそうです。

そうなんだ。二重周濠は大仙陵古墳のように、ヤマト王朝の大王の墳墓に見られるものので、それなりの身分の人しか造ることを許されなかったという説もあるから、もし本

造山古墳の前方部には荒神社が祀られ、その前には石棺が置かれている

当に二重だったとしたら、被葬者はかなり身分が高い人と考えられる。陪冢もある様はまさにそうだよね。

―後円部から掘り出したものかもしれないという石棺が前方部に江戸時代から置かれているそうなんですけど、それが阿蘇の凝灰岩で造られているんですよ。この古墳の被葬者の石棺だったとしたら、阿蘇との交流もあったということですよね。

石材は畿内では、二上山の凝灰岩が有名だけど、阿蘇のピンク石は遠路はるばる播磨や四国などでも見られるんだ。被葬者とのつながりはもちろん、石棺の形や材質はさまざまな情報を与えてくれるよね。

―そうですね。でも造山古墳、戦国時代には毛利氏が城にしていたり、畑にされていたりといった歴史があるにも関わらず、前方後円墳として堂々とした姿を残しているのがすごいなと思いましたよ。遠目からでも段丘がきちんとわかるし、そこを歩いて登っていかれるのが感動でした。

両宮山古墳は未完成？

僕も感動したけど、驚いたのが盗掘の形跡がないらしいのに、まだ石室の発掘調査をしていないということ。岡山は、岡山大学の考古学研究室の近藤義郎先生はじめ、戦後の日本考古学をリードしてきたところなのに、造山古墳も周辺しか発掘調査をしていないんだよね。

陪冢である和田茶臼山古墳から両宮山古墳を望む

―県の文化財課の方によると、もう少し調査方法が進化して、古墳を傷つけることが少なくなるまで今の姿を保全することに力を入れているということでしたよ。

そういう考え方もあるんだなあ。研究室の先生たちも学生もどうして我慢できるんだろう。僕だったら、掘りたくてウズウズしちゃうね。ヤマト王朝との関係ももう少し確実なことがわかると思うよ。

―周辺の発掘調査は念入りにされているようですが。岡山県はとにかく古い時代からの古墳や遺跡が多いので、調査する場所が

和田茶臼山古墳に登る白洲塾長と、案内役の赤磐市教育委員会・有賀祐史氏

多過ぎて手一杯なのかもしれませんよ。

それにしても、優先順位というものがあると思うんだよなあ。

たしかに、岡山は興味深い遺跡がたくさんありますよ。5世紀に200mを越す古墳が複数造られたのはヤマト王朝の本拠地である畿内とここだけだしね。

造山・作山とあと1つ、赤磐市にある両宮山古墳で「吉備三大古墳」と言われている。両宮山古墳の築造年代は5世紀後半と、造山・作山古墳より少し後で、墳丘長は206m。ここだけ周濠もしっかり残っていたね。

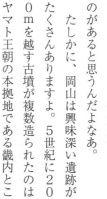

―きれいでしたよね。周りには陪冢もいくつかあって。

周濠は、発掘調査によって二重だったことがわかっているんでしょ。それによって、ヤマト王朝の大王の墳墓だと見る人もいるみたいだけど、大方は記紀にある「吉備の反乱」と重ねる説が一般的だね。

―第21代雄略天皇の時代の話ですね。

そう。吉備《きび》上道《のかみつみち》臣《おみ》田狭《のたさ》の自慢の妻である稚媛《わかひめ》を奪うために、雄略天皇は田狭を任那《みまな》（注2）の国司として赴任させ、その間にまんまと稚媛を自分のものにする。そのことを知った田狭は新羅と結託して、天皇に叛旗を翻す。その後、雄略天皇が稚媛に産ませた星川皇子が皇位に就こうとしたり、言うことを聞かない吉備氏を討つために物部氏が遣わされたりとヤマト王朝と吉備氏の間に、戦乱が一度や二度でなくあったことがわかるよね。これによって、吉備氏は勢力を失ったと考えられている。

両宮山古墳はなぜか葺石や埴輪が出土されていないんだよ。それも吉備氏が勢力を失った証拠と考えられているね。

―完成前に、力を失ってしまったということ？　つまり、両宮山古墳は未完成だと。

そうとも考えられる。両宮山古墳を最後に吉備で巨大古墳が造られることもなかった。とはいえ、ヤマト王朝によって完膚なきまでに叩きのめされた、とも考えにくいね。雄略天皇の前の天皇、安康天皇は殺害されているし、次の天皇、清寧天皇は子供ができなかったし。3代後の武烈天皇は民を顧みず、贅沢と乱暴狼藉の限りを尽くした悪帝として記されている。跡継ぎもいなかったから、あちこち探して、越前国でようやく応神天皇の5世の孫だという継体天皇を見つけて即位させる……といったように、ヤマト王朝自体もまだまだ政権基盤は不安定だった。

―継体天皇……、その名前自体がすべてを物語っていますよね。

体制を継ぐ、というね。応神天皇の5世の孫とかいって、大伴金村《おおとものかなむら》などが擁立したとき、すでに57歳だよ。そこから、樟葉宮《くずはのみや》（大阪府枚方市）、筒城宮《つつきのみや》（京都府京田辺市）、弟国《おとくに》（京都府乙訓郡）と王城を転々として、大和に入ったのは20年後の77歳のとき。この混乱ともとれる過程が、雄略天皇亡き後の5世紀末の畿内、ヤマト王朝の混乱を伝えているよね。

あと、天皇が物部氏、蘇我氏、尾張氏、息長《おきなが》氏、大伴氏といった首長たちの承認の上に成り立っていた連合政権だったことも表しているように思うな。

―そこに吉備氏が入っていても、ちっともおかしくないですよね。

そう、吉備氏がヤマト王朝の家臣的存在であったのか、それとも吉備王朝といってもいいくらいの力をもった同盟的存在であったのかは意見が分かれるところだけど。……それを考えても、やっぱり発掘調査をしてほしいなあ。今よりは何かわかるでしょう。

日本のストーンヘンジ・楯築遺跡

―そもそも、どうして吉備はヤマト王朝に匹敵するほどの力をもてたんでしょうね？

地の利だよね。渡来人が入ってきやすい場所で、早くから稲作、製鉄、製塩などの技術が伝わった。今も岡山は「晴れの国」をキャッチフレーズにしているけど、晴れの日が多くて、災害が少ない。人が暮らしやすく、瀬戸内海に面した交通の要衝でもある。弥生時代からすでに先進的な文化をもった集団があちこちにいたと考えられているね。代表的なのが楯築《たてつき》遺跡。すぐ横には足守川《あしもりがわ》が流れていて、造山古墳群はじめ、多くの遺跡や古墳がこの川沿いに造られている。

―やはり、カギは水路にあり、ですね。楯築遺跡の手前で、思わず車をUターンさせて行った神社がありましたよね。

ああ、すごい磐座に囲まれていた神社。運転しながらギョッとした。素通りできなかったね。

―はい、その名も岩倉神社（注3）です。由緒書きを読んだら、古代はこの辺りまで海だったそうですよ。御祭神の名前も大稲船命《おおいなふねのみこと》。

そういう場所だよね。初代天皇の神武だって、大和に入る前、安芸から吉備へ移動して、8年も滞在しているんだ。それだけ大和に入るのが大変だったことの裏返しだけど、吉備を自分の王朝の首都にしたいと思ったかもしれないよね。

瀬戸内海航路ができて、国内外の船が往来していた重要な場所。瀬戸内海は潮を読むのが難しいらしいから、潮待ち、風待ちの船のために船着き場の役目を果たした古墳もたくさんあったと思う。

―は！　ナニワを「難波」と書くのは、そういう意味なんでしょうか？

そうだと思うよ。読んで字のごとく、潮を読むのが難しい難所だったんだと思う。今も大阪湾は三角波が立っているというし、浪の速い海でもあるので「浪速」という字もあてられているでしょう。

とにかく、この地は早くから人々の往来があり賑わっていた。楯築遺跡にある楯築弥生墳丘墓は2世紀後半に造られたと考えられているからね。大和よりも早い。円丘の左右に長方形の突出部がついているという変わった形だけど、突出部を含めたら全長80m。この時代の墳丘墓としては日本最大だよ。

—すごいですねえ。北九州よりも大和よりも進んでいたということですか。

位置的に、両方のいいところどりができたのかもね。

前方後円墳の上に飾られた「特殊器台」という円筒埴輪は弥生時代に吉備が作り始めたんだけど、箸墓古墳から出土した特殊器台も吉備産。前方後円墳を象徴とした王朝の

楯築弥生墳丘墓の上に屹立する巨石群

成立に、吉備が最初から深く関わっていたとも考えられている。

―その100年前には、すでに楯築墳丘墓が造られていたわけですよね。吉備、タダモノじゃないですね。楯築弥生墳丘墓の頂上には大きな立石が中心部を囲むように並んでいて、イギリスのストーンヘンジみたいと思いました。

立石が盾のように見えることから「楯築」という名前になったんだろうね。

ここで作られた特殊器台は「櫛目紋」とも言われる装飾の最後を飾るに相応しく、

楯築遺跡の御神体。縦1m、横1.5m、厚さ20cmほどの石全体に、帯状の文様がぐるぐると渦を巻いている

大人の胸の辺りまですっぽり埋まるほど大きいんだ。なかでも中央の王様の墓所の直上にあったとみられているものは、高さ１１２㎝、最大径も46・５㎝というどっしりとしたものだった。

死者の世界において、たくさんの「美」を独占し公開することにより、王の権威というか、次の古墳時代を予感させるのが、弥生時代最後の１００年だったんだろうね。

あと、ここで運よく御神体を見せてもらえたのがすごかったなあ。「伝世《でんせい》弧《こ》帯文《たいもん》石《せき》」と言われているけれど、埋葬施設の発掘調査のときに、同じ文様の石が人為的に割られた状態で出てきたんでしょう。

―御神体より二回りほど小さかったというから80㎝くらいでしょうか。木棺の上部に置かれていたといいますから、死者への祈りに使われたんでしょうね。

御神体のあの帯状の渦のような文様が正確に刻まれている様は忘れられませんよ。中央に顔のようなものも彫られていて、鳥肌が立ちました。考えてみたら、特殊器台の文様にも似ていますよね。

渦の文様は「目には見えないけど、たしかに感じる尊いもの」を表すのにぴったりだったんじゃないかな。諏訪の土着神のミシャグジにも似ていると思ったし、ケルトなんて渦巻きだらけ。渦巻きは世界共通の霊的なものを集める文様なんだよね。

—ケルトなんてユーラシア大陸の西の端っこと共通しちゃうんですか？

これが似ているんだよ。グレートブリテン島を巡ると、だいたい同じくらいの時期に民族の移動が起きていたり、古墳のようなものができていたり。対岸のスカンディナヴィア半島のスウェーデンのウプサラにある王の墳墓（円墳）は6世紀前半に造られたと言われていて、似たような歴史を辿っているんだよね。古墳といっても、日本よりもうんと小さい規模だけど。

大英博物館には18基からなるサットン・フーの墳墓群（注4）から出土した有名なマスクがあるんだけど、日本の副葬品にくらべたら、ちゃちなもんだよ。27m余りの木造船が埋まっていたのはすごいと思うけどね。あの程度で世界中から観光客が来るんだから、日本が本気で古墳の価値と向き合って、世界に発信したら、どれくらいになるか想像もできないよ。

―それを聞くとワクワクするし、現状がもったいないなあと思いますね。

前方後円墳はヤマト王朝支配の証か？　～北関東の古墳

前方後円墳は最終的には岩手県から鹿児島県まで広がっていったんだけど、200m級のものはさすがに少ない。でも毛野《けの》では、5世紀中頃に210mの前方後円墳が造られているんだよ。

―毛野というと、北関東ですか？

そう。群馬県と栃木県南部を合わせた地域で、その後「上毛野」「下毛野」に分かれて、律令制下では「上野国《こうずけのくに》（群馬県）」「下野国《しもつけのくに》（栃木県）」となった。群馬県太田市にある太田《おおた》天神山《てんじんやま》古墳が、東日本最大の前方後円墳。その他にも総数でいえば、1万3000基ほどの古墳が築かれたと言われている。

―第10代崇神天皇の第一皇子である豊城《とよき》入彦命《いりひこのみこと》が皇位にはつかず、東国守護の任についたと『日本書紀』には書かれています。宇都宮《うつのみや》二荒山《ふたあらやま》神社（注5）の御祭神にもなっていますし、前橋市の総社《そうじゃ》二子山《ふたごやま》古墳は長らく豊城入彦命の墳墓とされていたそうですね。

総社二子山古墳は明治に入って調査した結果、6世紀後半の築造とわかったのであっさり間違いを認めて撤回したんだよ。潔いよね。

―陵墓治定にも、そういう歴史があるんですね。吉備津彦が吉備の平定に送られたのも崇神天皇のとき。ヤマト王朝が全国的な支配へと動いたのがこの時期ということでしょうか。

崇神天皇は「ハツクニシラススメラノミコト」と言われているように、実在した初代の天皇なんじゃないかと考えられているよね。そのわりには『古事記』では168歳、『日本書紀』では120歳まで生きたことになっているけど。

豊城入彦命の後には、ヤマトタケルも東国遠征をしているでしょう。でも何度も言いますけど、「平定」「支配」といっても、連合体のような緩やかなものだったと思いますよ。

―でも私、塾長から聞くまでは、群馬とか埼玉の前方後円墳を見るたび、「こんなところにまでヤマト王朝の支配の手がああぁ。制圧されたー！」と思っていましたよ。

それ、完全に「中央意識」だよね。畿内が一番進んでいて、他の地域は遅れているから隷属するしかないなんて、そんなことあるわけないじゃない。それぞれに文化があったし、進んでいたっていえば、畿内よりも九州のほうが進んでいたと思いますよ。吉備だって、そう。実際に見てわかったでしょう。それなのに、日本人はまず畿内、ヤマト王朝ありきで思考停止なんだなあ。歴史学の枠は狭いよね。絶対君主的な王様を想像しちゃうから。ヤマト王朝が今の霞が関みたいなもののわけないじゃない。

—今、霞が関の支配って絶対的なんですか？

絶対的ですよ。日本は官僚でもっているんですから。全国の県庁には必ず中央から役人が送り込まれていくしね。牛耳られるに決まっているでしょう

—だから政府も「国家戦略特区」なんてわざわざ作っても、さまざまな妨害にあって苦労するわけですね。

そうそう。明治になって、神話の歴史として国民を教育し、記紀の万世一系が国家の柱となって久しいけど、その弊害が中央意識。まだ江戸時代は藩があって自治があった

綿貫観音山古墳（写真協力／群馬県立歴史博物館）

けど、明治以降は自治なんてないに等しいよね。

今回は行かなかったけど、群馬県高崎市の綿貫観音山《わたぬきかんのんやま》古墳（全長約97ｍ）からは、中国山西省の北斉婁叡墓《ほくさいろうえいぼ》（注6）から出土した銅製の水瓶とほとんど同一のものが出土している。これ、畿内からは出土していないからね。有名な「三人童女」の埴輪なんて、スカートの先端にレースのようなものが表現されているんだよ。これは北魏の雲《うん》崗石窟《こうせっくつ》（注7）の女人像ととっても似ている。つまり畿内、ヤマト王朝とは関係ないところで、国をまたいでの交流があったことの証でしょう。

—なるほどー。そうやって、中央意識的な視点を抜け出して見れば、神話の『国譲り』も理解しやすくなりますね。

島根県の美保神社（注8）は国譲りの舞台になった場所であり、「青柴垣神事《あおふしがきしんじ》」という国譲りを伝える神事がありますよね。あの神事のフィナーレが、コトシロヌシが高天原へ向かい、アマテラスに恭順の意を示す「奉幣の儀」なんですよ。

氏子からしたら、自分たちの神様であるコトシロヌシが命を落とした挙句、国までアマテラスに奪われてしまう悲しい歴史なのかと思っていたら、そうじゃないんですね。「製鉄の技術を誇り、盛んに土地を開墾していた出雲と、高天原の稲穂とアマテラスに象徴される太陽の恵みが一体となった」という解釈なんです。

これは余談だけど、『出雲国風土記』（注9）にはミホススミという神様が「嶋根郡美保郷に鎮座していた」と記されていて、この神様は越の翡翠の神様ヌナカハヒメと八千矛神（オオクニヌシ）の間に生まれた姫神ということなんだ。美保神社の御祭神は元来、この方だった（和歌森太郎『美保神社の研究』より）のが、いつの頃からかコトシロヌシが御祭神に加わった。長い年月の間に、御祭神が合祀され、変わってしまうことがたくさんある一つの例。

青柴垣神事の解釈については、まあ、細かな異論はあるとして、そういうことですよ。蹂躙殺戮して土地を奪う、という流儀は日本にはなかった気がするな。

美の共有

前方後円墳が広がったのも、作り方が確立しているほうが楽だから。大きさを変えるだけなら、どれくらいの労働力や日数が必要かも計算しやすいでしょう。

―ああ、岡山や群馬に箸墓古墳や大仙陵古墳の2分の1スケールとか3分の1スケールの古墳があるのが不思議だったんですけど、そういうことですか。ものすごい従属の形なのかと思ってました。

「やりやすかった」という面が多分にあったと思うよ。それで連合体の象徴ともなるんだから、不都合はないじゃない。

でも思うに、「美の共有」がそこにはあったんじゃないかな。いくら象徴といっても、カッコ悪いもの、美しくないものを人は受け入れないでしょう。

現代は日本全国どの町に行っても同じ景色、国道沿いにコンビニに量販店が建ち並ぶけど、それとは正反対の美を共有するグランドデザインが前方後円墳だったんだよ。

魏志倭人伝に「倭国大乱」と記されている通り、3世紀には日本（倭国）各地でたくさんの戦闘があった。それを経て、東日本から九州に至るまで、この美観の一体性を見るまでになったんだよね。前方後円墳は「倭」から「日本」へ移行するための大きな役割を果たしたと思うんだ。

前方後円墳は全国におよそ5000基ある。でも、その8割くらいは墳丘の全長50m未満の小型なもの。つまり、一部特定の王、権力者に独占されたものではなく、ある程度の階層というか、家来にいたる方々の墓であり、「美」であった。

その証拠に、3〜6世紀には政治支配の象徴である「都市」がないんだよ。あるのは宮か集落。人々は強制ではなく共生により、古墳の造営に参加した。それが家族の安寧や未来の幸福につながると信じ、奉仕したように僕は思う。

世界的に見ても、賢者の権力者は公正寛大で人々に気前良く振る舞い、一緒に寝食をともにし、慕われる英雄として描かれているよね。名をなした日本各地の大王は、きっとそういう人物だったに違いないよ。

―いいですね。この国のはじまりの様子が目に浮かびますね。

埼玉県行田市の稲荷山古墳から出土した鉄剣がありますよね。あの鉄剣に刻まれた銘文を読むと、ワカタケル大王に仕えたことを誇りに思っていることが伝わってくるんです。ワカタケル大王は第21代雄略天皇と考えられていますけど。

ああ、稲荷山古墳のある埼玉《さきたま》古墳群もすごいよね。5世紀後半から7世紀初めにかけて墳丘長100mクラスの前方後円墳が次々造られた。稲荷山古墳から出土した「金錯《きんさく》銘鉄剣《めいてっけん》」は国宝にも指定されているけど、その銘文によると被葬者は「杖刀人首《じょうとうじんのしゅ》」としてワカタケル大王に仕えた。

―同じようなものが、熊本でも出土しているんですよね？

そう、同様にワカタケル大王に仕えたという銘文が刻まれた大刀が熊本県の江田船山古墳からも出土している。こちらは「典曹人《てんそうにん》」として仕えた、とあるんだな。どちらもどんな役職だったのか確たる記録は残っていないんだけど、「杖刀人」は刀をもち、護衛をする人。「首」がついているから、その長だったということ。「典曹人」は法典、法曹を司る役人と考えられている。

稲荷山古墳も江田船山古墳も築造年代は5世紀後半頃でほぼ一致。それぞれ一時期を雄略天皇に仕えて過ごした人が故郷に帰ってきて亡くなって、大切な剣とともに埋葬された。この一例をとっても支配とか隷属というイメージからは遠い気がするな。

これも余談だけど、ワカタケルこそ、大仙陵古墳の被葬者にふさわしいと個人的には思っているんだよね。

古墳時代の終焉

毛野地域の前方後円墳は素晴らしいけれど、「東日本最古の前方後円墳」と言われているのは、千葉県市原市の神門5号墳。築造年代が3世紀とされている。毛野地域は4世紀に入ってから。海側の千葉より、内陸の毛野地域が少し遅れるのは当然のことだよね。繰り返しになるけど、日本は長らく陸路よりも海路のほうが主体だったんだから。

しかも千葉県では、ヤマト王朝の前方後円墳よりも、東海地方の影響を先に受けて、東海地方独自の形である前方後方墳が造られている。これも各地それぞれにそれぞれと、それぞれの時期で異なる交流があったことの証だよね。

それでも、4世紀中期から6世紀は前方後円墳が関東にも続々造られ、7世紀に入ると、方墳へと姿を変えた。

南北4㎞の範囲にわたる総社古墳群。写真はその北部分で、前方後円墳2基、方墳3基が残る（写真協力／前橋市教育委員会）

―前橋市総社町の総社古墳群はその一連の流れが見られて、興味深かったですね。

5世紀後半に造られ、総社古墳群の中で一番古いとされる遠見山古墳は竪穴式石室。それが6世紀初頭に造られたとされる王山古墳では、横穴式石室になっている。横穴式石室は4世紀後半には北九州で造られているけど、全国的に広まったのは6世紀。

横穴式石室に変わると、副葬品は今に伝わる「二つとないような古美術品」、いわば被葬者愛蔵の逸品が供えられるようになるんだよね。弥生時代最後の１００年が埴輪の大量配列のように、美を外に魅せる古墳だったのに対し、横穴式石室になってからの古墳は、美の秘匿というか隠蔽だと言葉が悪いかな？　内に美を秘匿する形に変わっていったと言える。古墳自体が小さく狭くなった分、質の向上を目指したようにも思う。７世紀末に造られた高松塚古墳（注12）のように内部を綺麗に装飾したり。

―円墳の頂上に石室を埋め込む竪穴式石室と違って、横穴式石室は丸山古墳がそうだったように、後から追葬もできるし、ただ合理的になったものと思っていましたが、それだけじゃないんですね。

蘇我馬子の墓という説が有力視されている、奈良の石舞台《いしぶたい》古墳もそうだよ。覆っていた土がなくなって、石室だけが露出している形になって、副葬品の影も形もないけれど、いったいどんなものが一緒に埋められていたのかと思うよね。

奈良県明日香村にある石舞台古墳。蘇我馬子の墓との説が有力視されている

―石舞台古墳は横穴式石室なんですね。石が積まれているだけだと思っていましたよ。それでなんで「古墳」なんだろう？ と。そういうわけですかー。

総社古墳群で7世紀の方墳である、宝《ほう》塔山《とうざん》古墳（口絵参照）、蛇穴山《じゃけつざん》古墳の石室に入れたでしょう？ あれ、石舞台と同じ構造じゃない。

―たしかに。あの石室に入れたのは貴重な体験でしたね。古墳時代前期は朱に塗られていた石室内が、7世紀、古墳時代も終盤になると白の漆喰。初期は分厚く

塗られていたものが、石の加工技術が上がったので薄塗りで大丈夫になった、とか。流れがよくわかりました。

榛名山の石は軽くて加工しやすいけど、もろい。そのため堅い石材を用いるようになったといっていたね。堅い石材を加工する技術がなかったから、畿内から職人を招いて、そのため仏教の影響が随所に見られるようになった。宝塔山古墳の石棺の格狭間《こうざま》（注11）は聖徳太子の墓の棺台の格狭間と同一の形といわれているんだよ。

—そんなに畿内との関係が密接ですか。蛇穴山古墳は二重周濠でしたしね。

畿内から職人を招いたり、二重周濠だったり。ヤマト王朝との強いつながりを示すものだよね。

でも、石室に盛土のかわりに石を積んだ積石塚《つみいしづか》という朝鮮半島北部、高句麗にみられる墓が山梨や長野に集中したり、埼玉県日高市にある高麗《こま》神社（注12）なんて、今でも高麗王の子孫が宮司さん（59代目）だったりして、関東を見ていると文化が流れてきた経路が海外にもつながるのがおもしろいね。馬の埴輪なんて、その9割は関東出土だしね。

―そうなんですね。あと、方墳になっていくと同時に、周辺に寺院も建つようになっていっているのがおもしろかったです。仏教が入ってきて、すっかり時代が変わった印象を受けました。

前述の「薄葬令」の影響が大きいだろうけどね。でも、大和や河内の7世紀の方墳と同じ規模のものが関東にもあるんだよ。

―支配ではない、緩やかな連合体の証ですね。

総社古墳群の隣接地にある、初期の寺院跡（山王廃寺）を見て、しみじみ「古墳ってすごいなあ」と思ったよ。寺院は、瓦とか礎石とか、仏像の一部なんかが残っているとはいえ、建造物自体は影も形もなくなっているわけでしょう。奈良の法隆寺が今もああして残っているのは、大切に大切に修繕を重ねてきたから。

それに引き換え、古墳を見てよ。大して手入れをされなくても、しぶとく残っている。これは世界的に見ても驚くべきことだし、日本人はもっと感動すべきだと思うよ。このモニュメントを強調して、古墳の真の価値を知ってもらわないとダメだと思ったよ。

―おっしゃる通りですね。しかも古墳は奈良とか大阪にしかないものと思いがちですけど、群馬、栃木、埼玉、千葉と関東にもこれほどのものがあるというのも驚きでした。古墳には中央意識を取り去って向き合わないといけませんね。

古墳ファイル11

両宮山古墳《りょうぐうざん》

写真協力／赤磐市教育委員会

■所在地

岡山県赤磐市

■陵形

前方後円墳

■規模

墳丘長206m

■築造年代

５世紀後半

■メモ

岡山県内第３位の大きさを誇る。二重の周濠跡が陪冢である和田茶臼山古墳（写真右上・帆立貝型）にもあることが発掘調査でわかっている。

古墳ファイル12

造山《つくりやま》古墳

■所在地

岡山県岡山市

■陵形

前方後円墳

■規模

墳丘長360m（国内第４位）

■築造年代

５世紀前半

■メモ

前方部頂上には荒神社、その前には江戸時代から石棺が置かれている。後円部には戦国時代、毛利が築城。土塁も残る。近年の調査で周濠の痕跡を発見。

古墳ファイル13

作山古墳《つくりやま》

■所在地

岡山県総社市

■陵形

前方後円墳

■規模

墳丘長282m（国内第10位）

■築造年代

５世紀中期

■メモ

前方部に台形状の突出、後円部は楕円形と、前方後円墳としては変則的。丘陵を整形する方式で築造されている。

古墳ファイル14

太田天神山古墳《おおたてんじんやま》

■所在地

群馬県太田市

■陵形

前方後円墳

■規模

墳丘長210m（国内第28位）

■築造年代

５世紀前半

■メモ

東日本最大の前方後円墳。墳丘の周りには二重周濠が確認されている。陪冢である女体山古墳（帆立貝型）と対をなすように、男体山古墳とも呼ばれる。

古墳ファイル15

総《そう》社《じゃ》二《ふた》子《ご》山《やま》古墳

写真協力／前橋市教育委員会

■所在地

群馬県前橋市

■陵形

前方後円墳

■規模

墳丘長約90m

■築造年代

６世紀後半

■メモ

総社二子山古墳群最大の古墳。石室が前方部と後円部の両方に造られている。前方部石室から出土したと伝わる「頭椎大刀《かぶつちのたち》」は現在、絵図しか残されていないが、綿貫観音山古墳出土の大刀と酷似。

古墳ファイル16

宝《ほう》塔《とう》山《ざん》古墳

写真協力／前橋市教育委員会

■所在地

群馬県前橋市

■陵形

方墳

■規模

墳丘長約60m

■築造年代

７世紀半ば

■メモ

同じく総社古墳群の愛宕山古墳（７世紀前半築造）の石室が自然石を積み上げげて造られているのに対し、この古墳から「截石切組積《きりいしきりくみづみ》」へと技術の進歩が見られる。下写真／左が宝塔山古墳、右が蛇穴山古墳

古墳ファイル17

蛇穴山《じゃけつさん》古墳

ともに写真協力／前橋市教育委員会

■所在地

群馬県前橋市

■陵形

方墳

■規模

墳丘長約40m

■築造年代

７世紀末

■メモ

総社二子山古墳群において、宝塔山古墳の次に造られたと見られる古墳。石室はさらに高度な技術が用いられており、両側壁、奥壁、天井石がそれぞれ１つの巨石を巧みに組み合わせて造られている。

3時限目　注

1　吉備津《きびつ》彦命《ひこのみこと》　第7代孝霊天皇の皇子。記紀によると、第10代崇神天皇のとき、北陸、東海、丹波、西道の平定のため、それぞれに将軍が派遣された（四道将軍）。西道に赴いたのが、吉備津彦命。平定後はこの地に住み着き、281歳で没したという。岡山県岡山市にある吉備津神社（備中国一宮）は吉備津彦命の霊廟、吉備津彦神社（備前国一宮）は吉備津彦命の館跡とされる。『桃太郎』のモデルでもある。

2　任那《みまな》　朝鮮半島南部の、ヤマト王朝統治下にあった地。

3　岩倉神社　岡山県倉敷市。第16代仁徳天皇の御代に創建。御祭神は大稲船命。

4　サットン・フーの墳墓群　イングランド東部のサフォーク州で発見された、7世紀アングロサクソン時代の墳墓群。船葬墓が特に有名。

5　宇都宮二荒山《ふたあらやま》神社　栃木県宇都宮市。下野国一宮。第16代仁徳天皇の御代に、豊城入彦命の4世の孫である奈良《なら》別王《わけのきみ》が豊城入彦命を御祭神として祀ったとされる。

6　北斉《ほくせい》婁叡《ろうえい》墓《ぼ》　中国山西省。北斉は高氏によって建てられた国（550年～577年）。婁叡墓は1979年から1981年にかけて発掘され、墓道や墓室全面に描かれた壁画が話題となった。

7　雲崗《うんこう》石窟《せっくつ》　中国山西省。40窟ほどの石窟寺が東西1㎞にわたり並ぶ。5世紀の造営とされる。

8　美保神社　島根県松江市。『出雲国風土記』にも記される古社。御祭神は三穂津姫命と事代主神。毎年4月に行われる青柴垣《あおふしがき》神事、12月に行われる諸手船《もろたぶね》神事ともに「国譲り」神話に因む。

9　出雲国風土記　和銅6年（713）、『古事記』『日本書紀』と同時代に編纂がすすめられた。律令下の国すべてが編纂し、大和朝廷に提出したと考えられるが、完全版が現存しているのは出雲のみ（常陸、播磨、豊後、肥前は一部現存）。しかし、そこには「ヤマタノオロチ」に該当する話は記載されていない。

10　高松塚古墳　奈良県明日香村。藤原京期（694〜710年）に造られた二段式円墳。昭和47年（1972）の発掘調査により、石室内に女子群像や男子群像、四神など、鮮やかな壁画が存在することがわかった。盗掘の跡が見られ、被葬者は特定されていない。

11　格狭間《こうざま》　須弥壇や仏壇などの壇や台の側面に施される刳り形。

12　高麗《こま》神社　埼玉県日高市。668年、高句麗が唐と新羅によって滅ぼされると、多数の高麗人が海を渡って逃げ延びてきた。霊亀2年（716）、大和朝廷は1799人の高麗人を武蔵国に入植させ、「高麗郡」とした。その首長となったのが、高麗王若光《こまのこきじゃっこう》（「王」は大和朝廷から賜った姓）。高麗王若光の死後、人々が神として祀ったのが高麗神社の創始。

4時限目

古墳の在り方を考える

——復元古墳を訪ねる

五色塚古墳上に並べられた円筒埴輪越しに、明石海峡を望む

築造当時の古墳本来の姿

最終講義になる4時限目では、未来の古墳について考えてみよう。古墳をどんな形で次世代へ伝えるのがいいのか、僕自身、いろいろ考えてはいたんだけど、神戸の五《ご》色塚《しきづか》古墳（口絵参照）の前に立った途端、「答えが出た！」と思ったね。

―復元古墳ですね。私も復元古墳を目にするのは初めてだったんですけど、想像以上の素晴らしさでした。明石海峡大橋と淡路島を一望するロケーションも手伝って。

発掘された葺石を再利用し、築造当時の姿を蘇らせた

これまでの講義で、海から見たら葺石がピカピカ光って……なんて想像で話していたけど、実物の迫力は想像を超えていたね。しかも、墳丘が3段あるうちの上2段の葺石は築造当時に使われていたものを葺き直したんでしょう。分析したら、『日本書紀』に「淡路島から船で運んできた」と書かれている通りの淡路島の石らしいね。

―4世紀末に、明石海峡とこの周辺を支配していた豪族の首長の墳墓と考えられていますね。深い堀と浅い溝で二重に囲われていて、墳丘長も194mと、兵庫県で一番の大きさを誇っています。

戦時中、松などの樹木は船材にするため伐採され、戦後は畑として開墾された。写真は昭和43年の様子

4世紀末にこの規模だからね。相当な力をもった首長だったんだと思う。そんな勢力がこんな近場にいたら、ヤマト王朝も大変だっただろうけど、そのへんもうまくやっていたのかもしれないね。

ここは江戸時代には名所になっていて、絵や文章に残され、明治、大正時代には調査が入るなど、ずっと大事にされていたのに、戦後、食料難から畑にされてしまったという歴史もすごいね。末永先生の航空写真に復元作業半ばの姿が残されていて、興味深いよ。

―はい。あそこまで復元できるものなん

ですね。私、復元された城はどこか興醒めというか、江戸城も復元プランがありますけど、絶対に反対なんですよ。復元古墳も同じように考えていたんですが、まるで違いました。

個人的には、織田信長が天下布武の証として造った安土城の復元には興味あるんだけど。ローマ教皇グレゴリオ13世に献上されたという『安土山図屏風』（注1）に描かれていた五層七階の天守閣、その実物を見てみたくない？　大きな歴史の流れと言うか、安土城天守閣と前方後円墳というのは同じ文脈にあるんだよ。

―どういうことですか？

前方後円墳は「倭国大乱」後の産物、ヤマト王朝と各地の勢力との美の共有と話したでしょう。戦国時代を経た信長にとっての前方後円墳が、安土城天守閣だったんじゃないかと思うんだよ。

そういう意味では、現代というのは先の大戦の後でもある。倭国大乱、戦国時代に続く戦乱の後の世として、これ見よがしの大きな公共施設はもしかしたら日本の大きな歴史の流れに乗っているのかもしれない。

—おもしろい説ですね。でも現代の公共施設は、前方後円墳、天守閣と違って、未来に残らないもの、なくなってしまったときに「その姿を見たい」と切望できないもの。その質の低下は切なくもありますね。

まあね。話を戻そう。古墳の場合は「復元」という言葉を使ってはいるけど、修復だよね。残っているものを手がかりにどれだけ忠実に修復するか。五色塚古墳みたいに元の素材を使ったりして。対して、お城は完全にゼロからというものが多いでしょ。コンクリートで造られているし、現場感、素材感が別物だよね。

—はい。この復元古墳の姿をたくさんの人に見てほしいですね。古墳が「こんもりした緑の丘」だと思っている人には特に。古墳は「かわいい」とか言われる類のものじゃないって、この神々しい姿を見れば気づくと思うんですけど。

気づいてほしいねえ。僕は頂上を取り囲む円筒埴輪を見て、やっぱり夜に松明を灯したいなあと思ったね。下手なイルミネーションとか、最近流行りのなんとかマッピングよりも数倍、幻想的で美しいと思うよ。

―見てみたいですねえ。あ、でもそれで人気になっちゃって、人でぎゅうぎゅうの古墳……というのもなんだかなあ、ですね。五色塚古墳はすでにパワースポット扱いされていたりしますから、ちょっと心配です。

幸せな古墳

―復元古墳でいえば、群馬県高崎市の八幡塚《はちまんづか》古墳も美しかったですね。

そうだね。古墳時代最盛期、5世紀後半の前方後円墳。周りに高い建物もなくて、あるのは榛名山と古墳のみ。築造当時の風景がそのまま残っているみたいだったな。そういう風景の中で復元古墳を見ると、改めてすごい建造物だなあと思うよ。でも不思議なことに、調和は取れているんだよね。バベルの塔みたいに分不相応に高くするのでなく、榛名山との調和を考えながら造られているみたい。

―そうですね。築造当時の箸墓古墳と三輪山もこんな感じだったのかなと思いました。

そうかもね。でも、ここはわずか30年くらいの間に、二子山《ふたごやま》古墳、八幡塚古墳、薬師《やくし》塚《づか》古墳と100m超の前方後円墳が3基できたから（保渡田古墳群）。当時はすごい景色だったろうね。

今、完全に復元されているのは八幡塚古墳だけだけど、その姿があるだけで想像が膨らむ。円筒埴輪だけでなく、人物・動物埴輪も並べられているから、当時の古墳の様子

埴輪群から見た八幡塚古墳

もよくわかるようになっているよね。

―円墳中央部を降りていくと、舟形石棺が見られる展示室になっていたり、「かみつけの里博物館」や「はにわ工房」もあって、いろいろ工夫されてますよね。毎年10月に行われる「かみつけの里古墳祭り」では、古墳時代の王の儀式をお芝居にして、キャストも公募するんだそうです。古墳時代の扮装ができるので人気らしいですよ。

ちょっと第3セクター的なニオイはするけど、子供がたくさん遊んでいるのはいい風景だったな。それは、大阪府高槻市の今

八幡塚古墳内にある舟形石棺展示室

城塚古墳もそうだったね。こちらは葺石はないけど、人物・動物埴輪群があって。

近くの新池遺跡が発掘調査の結果、日本最古で3万㎡という日本最大級のハニワ工場跡だったことがわかったんだよね。西暦450年頃にできて、太《お》田《だ》茶臼山古墳（第26代継体天皇陵古墳）のための埴輪を作ったことが明らかになった。530年頃、今城塚古墳の埴輪を作った時期が生産のピークだったと言われているよね。窯が18基もあったそうだよ。

—今の今城塚古墳に置かれている埴輪もここで作ったんですよね。表情がユーモラスで、「かわいい」という言葉はあんまり使いたくないけど、かわいかった。円筒埴輪には船

今城塚古墳の埴輪群。
発掘された「埴輪祭祀場」が再現されている

の絵も描かれていたりして、芸が細かいなと思いましたよ。

　今城塚古墳は第26代継体天皇の陵墓とも言われているでしょ。継体天皇陵として治定されている太田茶臼山古墳がすぐ近くにあって、続けて行ったからその対比も興味深かったね。太田茶臼山古墳のほうはお約束の宮内庁の看板と鳥居と守衛さんの小屋があって、柵に囲まれていて。特筆すべきことはない佇まい。

　こここそ宮内庁の天皇陵取り違

えの代表的な事例だから仕方ないけど、太田茶臼山古墳は築造年代が5世紀中期ということのみならず、延喜式の地名の記述や出土遺物から見ても、大正時代には「今城塚が真陵だ」と言われてきたところだから、そういう後ろめたさが表に滲み出てきているんだね。

—いやいや。太田茶臼山古墳、天皇陵古墳らしく端正で美しいなと思いましたよ！でも、ふと「古墳としてはどっちが幸せかな」と考えてしまいましたね。子供の笑い声があちこちから響いて、お年寄りがのんびり散歩している今城塚古墳と、静かな太田茶臼山古墳と。今回、天皇陵古墳として治定されているところにいくつも行きましたが、どこも人がいませんでしたね。

まあ、いないよね。天皇陵になっていないところは自由でいいなと僕も思いましたよ。特にこの今城塚は自由に立ち入りができて、石室内の姿は地震によって崩れたといわれて充分に残ってはいなかったけど、度重なる調査をしたお陰で、6世紀前半のものとしては異例の大きな横穴式石室とわかっている。

さらに、平成13、14年度の調査によって、二重に巡らした堀の外堤に沿って、人や動物、大型の家形埴輪がぎっしりと、しかも整然と並べられているのが見つかった。当時の姿そのままに復元された埴輪群は、苦労の末に大和に入り、九州の磐井の乱（注2）を収束させた大王の勇姿が蘇ってくるようだった。修復復元することで、再び生命が宿ったということだね。

―そういう姿を模したものであったかもしれないですよね。大王が一番輝いていた姿を。

末永雅雄先生の本を読んでいると、「古墳の堀で魚釣りをした」とか「古墳の山に登った」なんてことが書いてあるのに、これまでの僕は完全にスルーして、「古墳とは柵に囲まれていて、入れないものだ」と思いこんでしまっていた。

宮内庁管理の古墳ばっかり見ていると、古墳というものの本来の活かし方が見えてこないね。吉備に行って、初めて前方後円墳の上を歩いて感動したのはそういうところ。

変な遊具を入れた公園をつくるんだったら、古墳を整備したほうが、どれだけ子供の心に美しい種が撒かれるかと思うよ。

―たしかに。もともと造られた当時の前方後円墳はそういうものであったでしょうしね。

そうだろうね。円墳のほうは埋葬されているから結界があるなり、「特別な場所」という意識があっただろうけど、方墳のほうは広場だったろうしね。そこに行くと、遊びながらでも日常的に円墳を仰ぎ見る形になるわけですよ。神社の原型だよね。本殿があって、その前で祈るっていう。

黄門様の大手柄

あと、忘れちゃいけないのが栃木県大田原市、那珂川沿いの上侍塚《かみさむらいづか》古墳、下侍塚《しもさむらいづか》古墳ね。あそこには未来の古墳を考えるにあたって、大きな示唆が込められているよ。

美しいものを守るのに、いかに政治家の力が必要かってことがよくわかる。そのために必要なのは予算じゃなく、司る人の良識だってことも。

―特に下侍塚古墳が「日本で一番美しい古墳」と言われているというので、期待して行きましたが、期待以上でしたね。

下侍塚古墳の南方８００ｍのところに上侍塚古墳があって、双方、５世紀の始め頃に造られたとされている。上侍塚古墳は墳丘長１１４ｍ、下侍塚古墳は84ｍ。どちらも、徳川光圀によって、全国初の学術的な発掘調査がされた。２時限目で少し触れたけど、幕府に天皇陵古墳を復興させるための建白書も出した光圀は、自身のお膝元の古墳は自ら調査を命じたんだね。

正確には、現在は国宝になっている那須国造碑《なすのくにのみやつこのひ》（注３）の碑主がこの古墳の被葬者なんじゃないかということで発掘されたんだけど、それは明らかにならなかった。光圀としては残念だったかもしれないけど、偉いのはその後。

調査内容はきちんと記録化。出土した遺物は絵師に正確に図絵化させたあと、松板の箱に収めて、元通りに埋め戻したんだよ。

―埋め戻したんですか。保全の意識が高いですね。

下侍塚古墳に植えられている松

それだけじゃなく、墳丘が崩れるのを防ぐために松を植えた。それが今も美しいよね。松というのがいいよ。松は神が宿る木、常緑樹でいつも緑だから、「常若《とこわか》」を象徴する木でもあるよね。古墳を永遠に守るのにふさわしいと思ったんだと思う。

造られた当時の姿に復元するという手もあるけど、ああいう形で保全する方法もある。下草も丁寧に刈られていて、大事に守られているなというのが伝わってくるでしょう。

考古学っていうのは、過去の事実を復元出来る唯一の手段であり、その発掘という行為が物的証拠となっていくんだ。文献史学というのは人間が書くから、ときには嘘、というか権力者の都合のいいようになる。それは「資料は廃棄した」じゃないけど、今の政治を見ていてもよくわかるでしょう。

―まったくですね。下侍塚古墳は自由に入って歩けるけれども、そっと大事に歩かないと、という気持ちにさせられました。

あれは、すごく品のいい、お金もかからない素晴らしいお手本だと思うな。黄門様、大手柄ですよ。あと、あのサイズ感がすごくいいんだな。特に下侍塚古墳のほう。ちょうど目で見て、美しさを認識できるサイズ。

—それ、すごくよくわかります。小さいおかげで親しみがもてるというか。思い返しても、ほっこりじんわりする美しさなんですよね。

大きければいいってもんじゃないよね。ここも周りに高い建物がないというロケーションの効果はあると思うけど。本当に美しかった。

そういう視点で考えると、河内の大仙陵古墳のような、あれだけのものを造ったというのはやはりそうせざるを得なかった時代の産物だといえるね。日本人としての感性や美観の問題じゃなく、政治的な差し迫ったものが背後にあったと確信できる。それをどう後の世に残すのか。世界遺産を頼らないとダメなのか。

下侍塚古墳は、美しいものをいい状態で後の世に残すためには、お金ではなく、人の手をかけろということを教えてくれているね。

天井石は駐車場の脇に置かれ、案内板はあるものの気づく人は少ない

壬生城址公園にある玄門石

―手本、という意味では反面教師の例が同じ栃木県にありましたね。

ああ、壬生《みぶ》藩の殿様のことね。城下にあった古墳の石室の入り口である玄門石と天井石を庭石にしちゃったっていう。

―「庭石にするから、古墳から石、持って来い」と命じられた家臣たちは嫌だったでしょうねえ。今は壬生城址公園に移されていますけど、公園の片隅にあると、玄門石もイサム・ノグチっぽく見えてしまうというか。

誰も古墳の石とはわかってなかったよね。僕らも見つけるのに苦労したし。ね、そういうことですよ、何千年の歴史があろうとも壊すのは一瞬。

豊か過ぎる日本人

戦後、アメリカが日本を占領したとき「天皇制度が我が国にも欲しい」と感じたんだよね。戦争に勝っても、お金があっても、手に入らないのが歴史と文化。世界中のどこの国だって逆立ちしても手に入らない宝物を日本はたくさんもっているのに、その価値に気づかずに、みすみすゴミ箱に捨てている状態が今だよね。

天皇陵古墳には問題が多いけれど、それゆえに守られている一面はある。壬生藩の古墳同様、指定以外の古墳は今もどんどん壊されていっているからね。

――イタリア人に「日本人は自分の国の歴史と文化を大事にしない」って怒られたことがあります。イタリア人はたとえば家を建てようとして、その土地から遺跡が出てきたら発掘調査が終わるまで何年でも待つ、と。「むしろそれを誇りに思う」と言われたんですよ。日本人なら迷惑がって、黙って埋めちゃったりしますよね。

まあ、イタリア人も日本人も個人差はあるでしょうけど。でも歴史と文化に無頓着な日本人が増えたよね。正子もどこかで「日本ほど文化文化と言いながら、大切にしない国もない」と書いていたけど、執着しないというか、忘れっぽいというか。

それを言っちゃうと、今に始まったことじゃなく、昔からなんだけどね。遷都をすれば、古い都は捨てられる。前方後円墳の時代なんて、天皇ごとに都が新しく移っていたわけだから、代が変われば、古い都はあっという間に廃墟になる。

奈良の正倉院《しょうそういん》なんて、よく残ったと思うよ。東大寺の僧兵が守ったということと、当時の人がそこまでするほどの一級品だったということが起こした奇跡だよね。

でも、そんな忘れっぽい日本人が知らんぷりしていても古墳はまだ残っている。

―強いですよね。

それはこの国の風土にも感謝しないとね。イギリスが産業革命のとき、燃料にするために木をどんどん伐採したら、以来、生えてこない。ヨーロッパはほとんどそう。対して、日本の自然は復元力がすごい。一度枯れても、人間がきちんと手をかければ元に戻るし、明治神宮のようにゼロからでも100年で自然の森ができる。

葺石で覆われていた古墳にも緑が芽生えて、今みたいな景観になっているわけでしょう。これは一種の奇跡なんだよ。そういう文化的な遺産に気づけていない日本人が多いのは、日本が豊かだから。

——豊か？　何がですか？

たとえば仏像でも、なんとも思わない人が多いでしょう。奈良の興福寺の阿修羅像みたいに行列ができる仏像はひとにぎり。これは仏像の数自体が多いからですよ。

─なるほどー。お寺にいくと、仏像がたくさんありますものね。私もいちいち感動しないかもしれません。

あなたが好きな神社だって、たくさんありますよ。でも世界遺産的なものになった一部のものしかありがたがられない現実があるでしょう。

─それはかなり悔しく思います

それはみんな、いいものがあり過ぎちゃうから。だから当たり前になってしまって、「大事にしよう」という気持ちが芽生えない。半ば、麻痺しちゃっているんだよね。

その意識をここから変えていくのは、なかなか大変な作業ですよ。古墳なんてずっと意識されないまま、ここまで来てしまったんだから。

曖昧なままの日本史

でも今、これだけインバウンドだ、観光立国だって、日本の独自色を打ち出そうと思っているんだったら、古墳は外せない。

だからせめて発掘調査をして、きちんと整理させたいんだよね。この時代にまだ尚、ブラックボックスになっているっておかしいでしょう。

「古墳時代」っていうのもざっくりし過ぎているから、前方後円墳時代とか方墳時代とか、そういう細かい区分ができるだけでも、歴史が違う形で浮かび上がってくると思うんだよ。自分の国の歴史なのに、なんでそこをうやむやにしておくの？

だいたい「弥生時代」っていうのも嫌いなんだよ。土器の変遷を見ると、弥生時代とされている中でも全然違うんだよ。だいたい弥生時代って何よ？

――え？　縄文時代の狩猟・採集から、稲作中心に生活形態が変わった時代？　学校ではそう教わりましたよね。

稲作をするようになっても、狩猟・採集は続けていたでしょうよ。違う？

それに、稲作だって、熱帯のジャポニカ米（焼畑）は沖縄からの南島ルートだし、温帯ジャポニカのいわゆる中国、朝鮮半島ルートという別の伝播もあったのだし、伝播の時期は地域によってさまざまだよね。

日本の春祭り、秋祭りは「神に奉り仕る」。その信仰の根本にあるのは稲作だから、稲作を導入したのは日本人にとってもっとも大きな変化といってもいいけど、大雑把にフォッサマグナを境として、東と西ではかなりの気温差があったし、稲作を導入した時期も大きくズレるよ。


―そうですよね。今回、この本をまとめるためにいろんな資料を当たったんですけど、縄文時代、弥生時代、古墳時代の年代設定が学者によってまったく違うんです。それは困りました。

そうでしょう。そういうところも少し視点を変えて、整理していくべきなんじゃないかと思いますよ。

明治10年（1877）、エドワード・モースによる大森貝塚の発掘で、土器に縄目模様があることが確認されて、「cord marked pottery」と名付けられた。その訳語が「縄紋」。

これは日本に進化論が紹介された近代的な発掘の最初だけど、その7年後に東京大学の敷地内から縄文土器とは年代の違う土器が発見された。その町の名前をとって「弥生式土器」と言うようになり、そのまま「弥生時代」となったのだけど、最近の縄文時代の発掘成果を見てみると、「狩猟・採集から稲作へ」という紋切り型の文化論は成り立たないよね。

いわゆる弥生時代の後期は「プレ前方後円墳時代」とでも言ったほうがしっくりくるし、弥生時代という呼び名そのもののきっちりとした境は始まりも終わりも見つけられない。

日本列島は南北と同様に東西も長いから、それぞれに地域差がある。北海道では北斗七星は沈まないし、八重山では南十字星の上三星が見えるんだから、地域差だけでなく、宇宙観もまったく違う。それを「稲作が始まった」という柱でひとつの時代区分にするのもどうかなと思うよ。

また話が飛ぶけど、これだけ差異があるのに中央政府が一律に教科書検定をするなんて、そんなことじゃ地方創生なんてできるわけがないよ。

まずは自分たちの地域の歴史を整理し、正しい価値を見出していくことから始めないと。本来、自分たちですべきことを一切スルーして、「観光客を呼びたいから、世界遺産登録」って間違っているでしょう。

―どうして、外国人からのお墨付きがないと、日本人は自信をもてないんでしょうね。

そういう発想は明治から。「自分たちは大したことない」っていう自虐的な発想が染み付いちゃってるから。これだけ素晴らしいものを抱えているのにおかしなことだよ。迎賓館なんて、その象徴だよね。「外国人を招くなら西洋風の建物を」っていう発想がそもそもおかしいでしょう。未だに、本場の人を猿真似施設で迎えているんですよ。恥ずかしくないのかと思う。

それをまた日本人がありがたがって、一般公開に列をなすっていうね。ああいうものに触れたかったら、ベルサイユ宮殿に行くべきですよ。ただ、日本の明治工芸の一級品がところどころにある。そこだけだね、迎賓館で見るべきものは。

—塾長が明治政府の人だったら、迎賓館をどんなふうにしましたか？

それは日本古来の建築に決まっているでしょう。長年、伝説だと思われていた杵築の大社(注4)みたいなさ。直径1m以上ある丸太を3本束ねて1本の御柱にして、社殿の高さは50m以上。

—それは外国人のド肝を抜きますね！

抜きますよ。しかも「実際に建っていた神殿の復元です」って言ったら、ヨーロッパみたいな石の国から来た人は木造の素晴らしさと技術の高さに心底驚いたと思うよ。高度成長期に「コンクリートは永遠」と思っていた我々日本人にとっても、自戒を促すものになったと思う。

しかも、今の迎賓館より全然少ない予算で建てられたよね。費用対効果も抜群。それが今もあの場所にあったらと、想像してみてよ。

—カッコよくて、シビれますー。

本物のレガシーを求めて

—そういう日本人の自虐的な精神を矯正するためにも、歴史と文化を見つめ直すためにも、やらなきゃいけないことはたくさんありますね。

たくさんあり過ぎて嫌になるけど、できることからやっていかないとね。小さな力でもやるとやらないのとでは大きな違いがある。
本居宣長《もとおりのりなが》（注5）が江戸時代、すでに判読不能になっていた『古事記』に生涯かけて取り組んで、僕たちの手に取り戻してくれたみたいに。

—そうですよね。宣長のおかげで『古事記』ブームがきて、今も私たちが読めるわけですからね。

『古事記』が歴史書として正しいかどうかは別として、彼は「信じる」という立場から真摯に研究を続けたよね。注文されたわけでもないし、お金にもならないのに、そこが素晴らしいと思う。学者としてあるべき姿勢だよ。

—宣長の生まれ故郷の三重県松阪市に記念館があって、彼の『古事記』の原本が展示されていますよね。赤字と付箋の多さに感動しましたよ。

「読み込み方が命がけ」と、小林秀雄が書いていますけど、本当にそう思うね。

―秀雄さんから、宣長については何か聞いていませんか？

何にも聞いてません。でも僕の中の『古事記』は小林のもの。本人に「読め」と言われたわけではないけど。小林も正子もそういうのはまったくのゼロでしたよ。教育不熱心な家だから。自分の興味の向くことにだけものすごく熱心で、それ以外は知らない。たとえ、孫であろうとも。

―そうなんですね。では話を戻して、今、少しチャンスは来ていると思うんですよ。東京オリンピックに向けて、日本人が自分たちの歴史や文化を見つめ直そうとしている気運が感じられるでしょう。

そうかもね。でも日本人一人ひとりよりも、上に立つ者の認識が大事なんだよ、実際のところ。徳川光圀みたいな人がいればいいんだけど。

日本の国家予算に占める文化予算はわずか0・11パーセント（2012年度）の1038億円。これに比べフランスは0・87パーセントで4640億円！　日本の半分の人口しかない韓国は、GDPは28位とかだけど、文化予算は0・99パーセントで2653億円もあるんだよ。

お金があるからいいわけじゃなくて、文化財の保護にはその保存修復する技術をもった人材がもっとも大事なんだけど。

奈良のキトラ古墳（注6）なんて、大金かけて修繕して公開したけど、カビだらけでひどいもんだったよ。保全の仕方で失敗したんだよ、きっと。初めてファイバースコープを入れたときは、今よりもっとよく見えていたからね。そういうことは一般人はあずかり知らぬところでしょう。

―そんなひどいことになっていましたか。ショックですね。

今、東京オリンピックのための競技場が造られているけど、旧国立競技場の耐久年数は50年。新国立競技場だって、そんなものでしょう。「レガシー」なんて言葉を盛んに使って、50年しかもたないものに大金を注ぎ込んでいるってことだよね。

古墳時代の人は「レガシー」なんて発想はなくても、1000年以上にわたって残るものを造っているわけだよ。それもこれだけたくさんの。

―おっしゃる通りですね。でも盛んに「レガシー」「レガシー」言っている某都知事には塾長、直接、物申せるんじゃないですか？　政界に引っ張り込んだ者として(注7)。

バカなことを言わないでよ。でも、耐久年数50年の近代建築を「レガシー」にしようっていう発想はなんだろうと思うよ。

奈良のある方が言っていたけど、2010年に復元された平城京の太極殿は、耐震構造になっているんだって。「復元」と言いながら、昔のままに建てたら、今日における建築構造上の安全性を満たしていないからと。でも、現代の免震装置というものは50年しかもたないんだそうだよ。周囲に、そんな現代的な技術がなくても、1000年を超える建築物が並んでいるというのに、「頭が悪い」としか僕には思えないね。

そろそろ近代建築の良いところと、在来工法の良さを併せ持った、500年、1000年を見据えた文化を育てるべきだよ。

僕のやっている古美術なんて、1000年前のものがゴロゴロある。今は消費経済だけど、古美術の世界は循環型と言うか、消費されずに人から人の手を渡り、次世代へ繋がれ現在にいたったもの。まったく真逆の価値観の上にある。

僕らの世界では「伝世」って言うんだけど、前方後円墳も同じように循環型の考え方の上に、その未来像を描いてもらいたいと思うし、末永雅雄先生の『古墳の航空寫眞集』のように全体を俯瞰することが大事なんじゃないかな。

—俯瞰、できていませんねえ。タカの目もなければ、アリの目もない有様かもしれません。

ただのタカの目じゃないんだよ。考古学、歴史学だけじゃない、神話のエッセンスも必要だし、それこそ翡翠のように鉱物学や地質学、現代におけるあらゆる知を総動員して、僕たちの大切な宝の本質を正確に掘り出すときなんだ。

僕の言葉は美術の分野からのものになるけれど、「美」は人の思いを伝えるもの。前方後円墳を「美しい」と思って、大切な人を祀るものとした。それが国のグランドデザインになっていった。その当時の人たち、我々の祖先の思いをもっと汲み取りたいよね。

古墳ファイル18

五色塚《ごしきづか》古墳

写真協力／神戸市教育委員会

■所在地

兵庫県神戸市

■陵形

前方後円墳

■規模

墳丘長194m

■築造年代

４世紀末

■メモ

明石海峡周辺を支配した豪族の首長の墓。江戸時代にはすでに名所であり、多くの絵や日記に残されている。戦後、荒廃したが、昭和40年から10年の歳月をかけ、発掘調査及び復元。

古墳ファイル19

八幡塚古墳《はちまんづか》

写真協力／かみつけの里博物館

■所在地

群馬県高崎市

■陵形

前方後円墳

■規模

墳丘長96m

■築造年代

５世紀後半

■メモ

保渡田古墳群。発掘調査により、築造当時の姿に復元されている。堀の中の４つの円い島は葬送儀礼が行われた場所と考えられている。写真右上は、二子山《ふたごやま》古墳。

古墳ファイル20

今城塚古墳《いましろづか》

■所在地

大阪府高槻市

■陵形

前方後円墳

■規模

墳丘長96m

■築造年代

６世紀前期

■メモ

発掘された埴輪群の質・量、二重の周濠を巡らした堂々とした姿から、第26代継体天皇陵とも考えられている。古墳は戦国時代、城砦として使われたものが多く、「今城塚」の名称もその歴史に由来する。

古墳ファイル21

太田《おおだ》茶臼山《ちゃうすやま》古墳

■所在地

大阪府茨木市

■陵形

前方後円墳

■規模

墳丘長226m（国内第21位）

■築造年代

５世紀中期

■メモ

宮内庁により、第26代継体天皇陵「三嶋藍野陵《みしまのあいののみささぎ》」に治定。

古墳ファイル22

上侍塚古墳《かみさむらいづか》

■所在地

栃木県大田原市

■陵形

前方後円墳

■規模

墳丘長114m（栃木県内第２位）

■築造年代

５世紀前期

■メモ

下侍塚古墳の北方800mのところに位置し、築造年代はやや後と見られている。

古墳ファイル23

下侍塚古墳《しもさむらいづか》

■所在地

栃木県大田原市

■陵形

前方後円墳

■規模

墳丘長84.0m

■築造年代

５世紀初

■メモ

「日本で一番美しい古墳」と言われる。周囲には前方後円墳を含む８基の古墳が残り、侍塚古墳群と称される。

4時限目　注

1　安土山図屏風　天正3年（1575）、長篠の戦いに圧勝した織田信長が天下布武の証として築城した安土城は五層七階の天守閣をもつ豪華絢爛な近世城郭だった。その姿を信長は絵師の狩野永徳に命じ、一双の屏風絵に仕上げた。その『安土山図屏風』は、巡察師アレッサンドロ・ヴァリニャーノに贈られ、彼からローマ教皇グレゴリオ13世に献上されたとされるが、現在は行方不明。「幻の屏風」となっている。

ヴァリニャーノに通訳として同行した宣教師のルイス・フロイスは著書『日本史』に安土城天守閣のことを「私たちの塔より気品があり、壮大な建築である」など、詳細に書き記している。また、信長の直臣として知られる黒人のヤスケはヴァリニャーノの従者として来日した者。

2　磐井《いわい》の乱　継体天皇の御代、朝鮮半島南部へ進軍しようとしたヤマト王朝の軍を筑紫国造磐井が阻んだ戦闘。

3　那須国造碑《なすのくにのみやつこのひ》　国宝であり、日本三古碑のひとつ。那須国造であった父の事績を顕彰するために息子が建立したもの（700年）。それから1000年近く経った延宝4年（1676）に発見された。徳川光圀は保護のため、笠石神社を創建。那須国造の親子の墓と推定した上侍塚古墳と下侍塚古墳の発掘調査も行った。

4　杵築の大社　出雲大社のこと。平成12年（2000）に、鎌倉時代の社殿を支えていたと思われる柱が地中から発見される。直径1m以上の柱を三本束ねたもので、長らく伝説と考えられていた「高さ十六丈（約50m）の社殿」は実在したと騒がれた。

5　本居宣長《もとおりのりなが》　江戸時代の国学者（1730～1801）。小林秀雄の『本居宣長』は晩年の11年半を執筆に費やした大作。

6　キトラ古墳　奈良県明日香村。7世紀末から8世紀初め頃に造られたとされる二段式円墳。高松塚古墳の発見を受け、「近くに似たような古墳がある」という付近の住民の声によって、昭和58年（1983）にファイバースコープによる探査が行われた。その結果、四神の玄武と思われる壁画が発見される。以降、調査のたびに、四神や獣頭人身十二支像の壁画、石室天井の天文図などが確認される。

7　政界に引っ張り込んだ者として　塾長が日本新党党首（当時）の細川護熙氏の秘書を務めていたとき、当時、ニュースキャスターだった小池百合子氏に候補者として白羽の矢を立てた。

白洲塾長の講義を終えて

塾生　秦まゆな

小さな頃から、天邪鬼なのか我が強いのか、世間のブームに乗ることができない。80年代のパンダブームのときは「パンダよりも猿のほうがかわいい」と思っていたし（今もそう思っている）、光GENJIや尾崎豊に心酔するクラスメイトを尻目に、放課後は一人で両国の相撲部屋や神保町の古書店巡りをする女子高生だった。

日本史が好きで、小学校の高学年になると、父の本棚にある司馬遼太郎や山岡荘八に手を伸ばした。大学は文学部史学科で、日本近世史を専攻。社会人になり、奈良や京都など、歴史の舞台となった地を旅するたびに心がとてつもなく踊った。

そんな日々を過ごし、30歳を目前にしたある日、ふと「歴史が好きと言っていながら、この国の建国の歴史をきちんと知らない」ことに気がついた。「これはイカン！」と、慌てて手にしたのが『古事記』『日本書紀』だった。

このときの自分の判断を褒めたいと思う。このことにより、私は人生の違う扉を開けることができたのだから。

神代から飛鳥時代まで、いわゆる古代史を咀嚼し、自分の中で整理できた頃から、モノを見る目がガラリと変わった。特に、神社巡りが楽しくなった。長い歴史の中で、御祭神が変わってしまった神社は少なくないのだが、その理由として建国の歴史において、何らかの不都合を隠すために御祭神を変えられてしまった神社が少なくない。由緒書きや御祭神の名前を見て、その気配に気づいたとき、メモを取りながらも妄想が膨らみ、ニヤニヤが止まらない。もちろん、そんな旅の同行者などいるはずもなく、ひとりでニヤニヤしながら日本各地の神社を巡る日が続いた。

そこへ突然やってきたのが、パワースポットブームだった。当時、すでにフリーランスで文章を書く仕事をしていたのだが、自己満足の極みのような神社巡りがまさか仕事になる日が来ようとは、思ってもみなかった。

女性誌などから執筆依頼が舞い込むようになったが、ここで生来の性格が顔を出した。女性誌が求めるのは「恋愛成就」などのご利益のみ。どんな御祭神がいらっしゃるか、なぜそうしたご利益があると考えられるようになったか、などといった大事な背景は「必要ないです」との姿勢だった。「御祭神のことも知らず、勝手なお願いばかりするような人は神社に来てほしくないです」とばかり、そうした依頼を断り、また自己満足のための神社巡りを続けた。

　すると、次第に古墳が無視できないようになってきた。なぜなら、神社のある場所が古墳そのものであったり、近くに古墳があるなど、神社と古墳が切っても切れない関係であることに気付かされたからだ。

　神社とともに古墳を訪ねるうち、古墳が私たちの祖先の崇高なる信仰の対象であることがわかってきた。神社が社殿を必要としなかった時代、山や巨岩や巨木に畏怖と感謝を込めて額ずいた祖先の思いに近いものを感じるようになった。

　そんなとき、「古墳ブーム」なる言葉が耳に飛び込むようになってきた。古墳を「カワイイ」とする「古墳ガール」が増殖しているらしい……？　パワースポットと称され、突然、多くの参拝客を受け入れなければならなくなった神社がさまざまな被害を受けていることを聞いていた折でもあり、私は猛然と「なんとかしなければ！」と思った。

　……思ってはみたものの、私が「古墳はカワイイじゃない、崇高なものだよー」と言ったところで誰が耳を貸してくれるだろうか。そういった本を出したいが、出してくれる出版社はないに違いない。

そこで出会ったのが、白洲塾長だった。「右翼のドン」といわれた笹川良一氏の血を引く笹川能孝氏との「美」をテーマとした対談の場に、笹川氏に請われ、同席することになったのだ。

話の流れで、古墳が出てきた。そのとき、塾長の口から出た言葉を私は忘れない。

「古墳は美しいものなんですよ」

白洲塾長を古美術の専門家として、「美しいものを見極める目をもつ人」と思っていた私には、これ以上ない言葉だった。さらには、古墳が好きで、大学では古代史を専攻、発掘調査にも加わっていたという。

「一緒に古墳の本を作ってくれませんか!」と言いたい衝動を必死にこらえ、2回目に塾長にお会いしたときに、その意を伝えた。

「古墳の本なんて、出してくれる出版社はないよ」という塾長に、「出してくれる出版社を見つけてきますので! そしたら、一緒に作ってくれますね!」と半ば強引に約束を取り付けた。

「おもしろそうだね」と、その願いを叶えてくれた株式会社ワニ・プラスの佐藤俊彦社長には、どう感謝しても、し足りません。本当にありがとうございます。

本書のために、白洲塾長と古墳を訪ねる旅を重ねる中で、自分なりに学んできたつもりでいたものがどれほど思い込みや誤解や現代的な視点で、見るべきものを見ずに来たのかを思い知らされました。少なからずショックではありましたが、知る喜びはそれを大きく上回るものでした。

本書を手にとっていただいた方の心にも新鮮な驚きと、古墳への敬意と愛情の種を撒くことができたなら、これほどうれしいことはありません。

最後に白洲塾長、1年以上にわたり、不出来な塾生にお付き合いいただき、ありがとうございました。毒舌授業、刺激的でした！　またの開講を楽しみに待っています。

おわりに　古墳という美を人生の友として　白洲信哉

縁というのは不思議なもの、思いがけず古墳の本を上梓することになった。住まいが東京であるため、今回取り上げたような大型の前方後円墳とは疎遠だが、多摩川台古墳群や、父が住む葉山の長柄桜山古墳群のように、環境の差異はあるが、身近にも散見していることを改めて感じた。もっとも、住宅が犇《ひし》めき合うという点では、大仙陵古墳も同様だが、主な仕事として五年前から、骨董古美術月刊誌の編集長に就いているため、古墳の遺物である古美術品とは近しい。

日々、古美術店訪問は仕事の一環と、喫茶店のように道草している。先日、京都のとある大店で、大型の家形埴輪に出会った。本文でも触れたように、神社の原型であり、副葬品のなかでも特に重要な位置を占めた「かたち」のように僕は思っているが、屋根に朱が残った堂々とした姿に惚れ惚れした。

だが、現在は消費経済のただ中にいる。アベノミクスの評価は分かれるところだが、近代の政治家及び経営者は一方で、不易なもの、特に茶道を中心としたコミュニティーの中で、東京では東武の根津美術館、荏原製作所の畠山記念館、東急の五島美術館、出光石油の出光美術館、三菱岩崎の静嘉堂文庫美術館に、三井の三井記念美術館など、大阪では阪急の小林一三記念館、安宅産業、住友を経た大阪市立東洋陶磁美術館、白鶴酒造の白鶴美術館、藤田グループの藤田美術館に朝日新聞の香雪美術館など、各地の経営者が、情熱を傾け蒐集した品々が美術館に残されている。時代の流行は大事だけれど、歴史ある国に生まれた者として、社会活動にはある一定の責任が伴うはずである。消費財ではなく循環財である歴史的文化財は、そのモノがそのまま国のかたちを示しているのだ。

本年は大きな茶碗の展覧会が各地で催された。その茶道の大成者・千利休は、高麗《こうらい》茶碗という当時の現代美術を輸入し、前代の唐物《からもの》に対抗して、自ら創造した美を、一国一城と並ぶくらいの価値へと昇華させた。

民藝の創始者・柳宗悦《やなぎむねよし》は、利休が取り上げなかった同時代の李朝白磁に惹かれ、同じように評価がまだ定まっていないものを輸入し、現地半島に朝鮮民族美術館（現・韓国国立民族博物館）を建設するほど、新しいモノの基準をつくった。

彼らは世間の評価や他人の意見ではなく、名も無い作り手の作品に情熱を傾け、人生の友として、一緒に時間を過ごすことで、無名のモノもともに成長していったのだ。

僕も、「美を人生の友として生きたい」と強く思っている。幸い古美術の世界で、わが家はあかるかったこともあり、恵まれてはいるが、小林が「解ることは苦労すること」と言っていたように、好きなことをやり続けることは、言うは易し、というのが本音である。「骨董は身銭を切って買わないとわからない」と小林は言う。また、「人間は遊んでいるときにものを覚える」とその経験から会得し、青山二郎らと骨董に溺れた時間に、「文学がわかるようになった」と懐古した。

青山二郎が「美は創造であり発見である」と述べたのは、その遊びのなかの、満ち足りた時間を過ごした末に、わずかながらの発見があったということであり、モノはいわば成長するための食料みたいなものだった。

僕の立ち位置は彼ら同様だ。古美術では、主に焼きものが好きだけれど、大雑把な歴史的な流れだけで、個別の知識は希薄である。簡単に言うなら、蓼食う虫の域をでないのだ。

ただ、僕が大事にしているのは、専門分野の知識以上に、直覚で感じた好き嫌い、基準をはっきりもつことだ。その上で、正解がない奇妙な世界を、自分で考えること。昨今は、現在進行形で同じ空気を吸っている彼ら、彼女たちに、出来るだけ分かり易く説明し、生きる上での術にしてもらえたらと思っている。

また少しは古き良き日本の大人の日常を見てきた経験から、伝統文化と関わることで、日常の充足感や、仕事にも役立つ知恵が潜んでいると伝えたいと思う。

現代は難しい時代である。所謂掘り出し物は少なくなったし、日本の美は、多様だから価値の共有というものが特に難しい。が、前方後円墳は、さきの茶碗や白磁と同性質の、埋もれた美術的建造物のように思う。列島最後の、単なるお墓ではなく、文化財だと再認識し、海外へ発信しつつ、学術的な調査をすすめ、ピラミッドや始皇帝陵のように、祖先が残した遺産を次世代に継承していきたいと強く思う。

正子が博物館に飾られた楽茶碗に「モノにとっては終身刑」と言った真意は、モノを使わずにガラスケースの中に放置すれば、モノは活かされずカサカサになって死んでしまうことの例えだが、多くの古墳は、鬱蒼とした森として、ただ存在しているだけである。

かつて、渡来人を圧倒させ、ドキドキ、ワクワクさせた公共事業は、人の手から手へと伝えられるはずのもので、僕らはその一時預かり人にならねばならない。今、目の前に存在している古墳は、所有物ではないが、同時代に生きている我々にしか、使い活かすことは出来ないのだ。本書がそうした声の高まりの一助となれば望外のことである。

最後になりましたが、株式会社ワニ・プラスの佐藤俊彦社長、ユニークな塾生の秦まゆなさんにこの場をかりて御礼を申し上げたい。

白洲信哉

二〇一七年秋近し晩夏　旅先にて。

歴代天皇編年表

※日本書紀を基本に構成

	天皇	時代（西暦）	
神話時代（縄文・弥生時代）	初代 神武天皇	神武元年	橿原宮にて即位
	2代 綏靖天皇	欠史八代	
	3代 安寧天皇		
	4代 懿徳天皇		
	5代 孝昭天皇		
	6代 孝安天皇		
	7代 孝霊天皇		
	8代 孝元天皇		
	9代 開化天皇		
古墳時代 3世紀	10代 崇神天皇	崇神6年	疫病を鎮めるため、アマテラスを豊鍬入姫命に託し、笠縫村に祀らせる（元伊勢）
		7年	倭迹迹日百襲姫命にオオモノヌシが神憑りする
		10年	四道将軍を派遣
		48年	豊城入彦命を東国を治めさせるため派遣
	11代 垂仁天皇	垂仁25年	倭姫命が伊勢の地にアマテラスを祀る（伊勢神宮創始）
		32年	野見宿禰の提言に従い、殉死を禁止。埴輪を作る
	12代 景行天皇	景行12年	天皇、熊襲を平定（古事記ではヤマトタケルを派遣）
		27年	ヤマトタケル、熊襲を平定
		40年	ヤマトタケル、蝦夷を平定
	13代 成務天皇		

古墳時代

4世紀 ～ 6世紀

代	天皇	年	出来事
14代	仲哀天皇	仲哀2年	神功皇后とともに熊襲征伐に向かう
		9年	天皇、崩御
			皇后、新羅に出兵
15代	応神天皇	応神14年	天皇の援護により、百済から弓月君が渡来。
		15年	優れた学者である阿直岐、王仁らも同行。
16代	仁徳天皇	仁徳元年	難波高津宮に遷宮
		4年	民の窮状に気づき、課役の3年間免除を決める
17代	履中天皇		
18代	反正天皇		
19代	允恭天皇		
20代	安康天皇		
21代	雄略天皇	雄略8年	高麗と新羅の不和に乗じて、任那の日本軍が介入
		9年	新羅に紀、蘇我、大伴らを派遣
		21年	高麗の侵攻を受けた百済を再興
		23年	吉備稚媛の子、星川皇子が皇位簒奪を画策。焼き討ちにされる。
22代	清寧天皇		
23代	顕宗天皇		
24代	仁賢天皇		
25代	武烈天皇		
26代	継体天皇	継体21年（527）	筑紫国造磐井の乱

倭の五王（15代応神天皇～21代雄略天皇）

古墳時代	6世紀	27代　安閑天皇		
		28代　宣化天皇		
		29代　欽明天皇	欽明13年（552）	百済から仏像と経文が伝来。
		30代　敏達天皇		
		31代　用明天皇	用明2年（587）	蘇我馬子、物部守屋を滅ぼす。
		32代　崇峻天皇		
飛鳥時代	7世紀	33代　推古天皇	推古元年（593）	厩戸皇子（聖徳太子）を皇太子とする
			11年（603）	冠位十二階を制定
			12年（604）	十七条の憲法を制定
			15年（607）	小野妹子を隋に派遣
		34代　舒明天皇		
		35代　皇極天皇	大化元年（645）	乙巳の変　中大兄皇子、中臣鎌足、蘇我入鹿を暗殺
				難波宮遷都
		36代　孝徳天皇	2年（646）	改新の詔を発布
		37代　斉明天皇	斉明4年（658）	阿倍比羅夫、蝦夷を討つ
		38代　天智天皇	天智2年（663）	白村江の戦い
		39代　弘文天皇		
		40代　天武天皇	天武元年（672）	壬申の乱／飛鳥浄御原宮遷都
		41代　持統天皇	持統8年（694）	藤原京遷都
		42代　文武天皇	大宝元年（701）	大宝律令制定

奈良時代

8世紀

代	天皇	年	出来事
43代	元明天皇	和銅3年（710）	平城京遷都
44代	元正天皇		
45代	聖武天皇	天平15年（743）	墾田永年私財法／大仏造立の詔（東大寺）

参考文献

『古代天皇陵をめぐる』藤田友治と天皇陵研究会　三一新書
『天皇陵を発掘せよ』石部正志・藤田友治・古田武彦　三一新書
『続・天皇陵を発掘せよ』石部正志・藤田友治・西田孝司　三一新書
『未盗掘古墳と天皇陵古墳』松木武彦　小学館
『歴代天皇総覧　皇位はどう継承されたか』笠原英彦　中公新書
『古代史の謎は「海路」で解ける　卑弥呼や「倭の五王」の海に漕ぎ出す』長野正孝　ＰＨＰ新書
『古代史の謎は「鉄」で解ける　前方後円墳や「倭国大乱」の実像』長野正孝　ＰＨＰ新書
『出雲と大和　古代国家の原像をたずねて』村井康彦　岩波新書
『原始の神社をもとめて　日本・琉球・済州島』岡谷公二　平凡社新書
『古事記　祝詞　日本古典文学大系1』岩波書店
『日本書紀』坂本太郎・家永三郎・井上光貞・大野晋校注　岩波文庫
『図説　地図とあらすじでわかる！　古事記と日本書紀』坂本勝監修　青春新書
『ビジュアル版　古墳時代ガイドブック』若狭徹　新泉社
『もうひとつの明日香』桐村英一郎・文　岡西剛・写真　青娥書房
『熊野からケルトの島へ　アイルランド・スコットランド』桐村英一郎　三弥井書店
『日本の祭と神賑　京都・摂津河内の祭具から読み解く祈りのかたち』森田玲　創元社
『天皇陵』矢澤高太郎　中公選書

『前方後円墳国家』広瀬和雄　角川選書
『日本古墳文化論　ゴーランド考古論集』W・ゴーランド　創元社
『興亡古代史』小林惠子　文藝春秋
『平成十六年度春季特別展図録　日は人作り、夜は神作る　前方後円墳の出現と展開』滋賀県立安土城考古博物館
『超巨大古墳の時代　吉備の至宝・千足古墳、榊山古墳出土品の里帰り展』図録　岡山市埋蔵文化財センター

美しい古墳
白洲塾長の世界一毒舌な授業

著者 白洲信哉
秦まゆな

2017年10月25日 初版発行

白洲信哉（しらす しんや）
1965年、東京都生まれ。大学では考古学を専攻。細川護熙首相の公設秘書を経て、執筆活動に入る。一方で、日本文化の普及につとめ、書籍編集、デザインのほか、さまざまな文化イベントをプロデュース。著書多数。父方の祖父母は、白洲次郎、正子。母方の祖父は小林秀雄。月刊『目の眼』編集長。

秦まゆな（はた まゆな）
日本文化案内人、文筆家。学習院大学文学部史学科卒業。次世代に日本の歴史・文化を伝えるべく執筆・講演などで活動中。著書に『日本の神話と神様手帖 あなたにつながる八百萬の神々』（マイナビ）。

発行者 佐藤俊彦
発行所 株式会社ワニ・プラス
〒150-8482
東京都渋谷区恵比寿4-4-9 えびす大黒ビル7F
電話 03-5449-2171（編集）
発売元 株式会社ワニブックス
〒150-8482
東京都渋谷区恵比寿4-4-9 えびす大黒ビル
電話 03-5449-2711（代表）
装丁 橘田浩志（アティック）
柏原宗績
DTP 平林弘子
印刷・製本所 大日本印刷株式会社

ISBN 978-4-8470-6115-8
ワニブックスHP https://www.wani.co.jp